普 通 高 等 学 校 教 材

U0649819

工程项目评估

（第2版）

李红镝　秦　厉●主　编

人民交通出版社股份有限公司

北 京

内 容 提 要

本书以工程项目为对象,以项目评估实践内容为主线,重点介绍项目建设前期评估和项目运营后期评价的基本原理与方法,主要包括工程项目经济方面调查、分析和预测,建设规模评估,建设条件及技术评估,投资估算方法与资金筹措,经济评价以及后评价等。全书注重理论与实践的结合,每章都配有本章要点和思考题,方便读者总结与自我学习。

本书主要作为工程管理和工程造价专业本科教材,也可作为研究生或从事工程项目评估工作相关人员的参考用书。

图书在版编目(CIP)数据

工程项目评估 / 李红镝,秦厉主编 . — 2 版 . — 北京 : 人民交通出版社股份有限公司,2022.7

ISBN 978-7-114-18003-3

Ⅰ.①工… Ⅱ.①李… ②秦… Ⅲ.①工程项目管理—项目评价—高等学校—教材 Ⅳ.①F224.5

中国版本图书馆 CIP 数据核字(2022)第 091238 号

Gongcheng Xiangmu Pinggu

书 名:	工程项目评估(第2版)
著 作 者:	李红镝 秦 厉
策划编辑:	张 悦
责任编辑:	董 倩
责任校对:	孙国靖 卢 弦
责任印制:	张 凯
出版发行:	人民交通出版社股份有限公司
地 址:	(100011)北京市朝阳区安定门外外馆斜街 3 号
网 址:	http://www.ccpcl.com.cn
销售电话:	(010)59757973
总 经 销:	人民交通出版社股份有限公司发行部
经 销:	各地新华书店
印 刷:	北京虎彩文化传播有限公司
开 本:	720×960 1/16
印 张:	13.5
字 数:	251 千
版 次:	2013 年 8 月 第 1 版
	2022 年 7 月 第 2 版
印 次:	2023 年 10 月 第 2 版 第 2 次印刷 总第 4 次印刷
书 号:	ISBN 978-7-114-18003-3
定 价:	38.00 元

(有印刷、装订质量问题的图书由本公司负责调换)

当今社会的进步和经济的发展与工程的建设和投资密切相关。随着市场主体的逐渐多元化，工程项目投资的经济性成为评定项目价值的最重要因素。工程项目评估作为项目管理与咨询的重要阶段，为工程项目的建设决策、投资主体的项目选择、金融机构的资金管理等提供了重要的参考依据，因此，工程项目评估在工程管理领域的作用越来越重要，已成为现代工程管理人员必须掌握的一种工作技能与方法。本书着重介绍了工程项目评估的基本理论与方法，书中内容既是工程项目评估的论证和决策所要求的基础，也是编者在多年的教学和科研实践中总结而成的重点。

本书在撰写过程中力求突出以下3个特点：

（1）强调项目评估的基本理论与方法。本书是工程管理和工程造价专业的本科教材，着重揭示项目评估的实际应用背景，较为全面地介绍了工程项目评估的一系列评估方法、步骤和内容，读者可根据自己的需要阅读学习。

（2）强调学生自主学习能力的培养。本书作为大学本科教材，为读者提供了实现自主学习的条件。每章首尾设计的学习目标、学习准备、本章要点、本章思考题等内容，保证了读者在学习前后知识的延续与拓展。

（3）强调理论与方法的应用场景。本书不仅介绍了项目评估的基本原理和基本方法，还强调了项目评估的具体应用实例，真正能使读者学以致用，展示出项目评估在工程管理与咨询中的重要作用。

本书的内容主要包括以下两个方面：

（1）关注工程项目评估的基本原理与方法，主要围绕工程项目建设必要性、技术可行性、实施可能性、经济合理性等问题设计章节内容。

（2）书中的项目评估，既包括项目前评估的立项和投资项目选择，也包括项目后评价的理论与决策反馈方法。

本书第1章介绍了项目评估的国内和国外发展历程，项目评估的概念、原则和内容。第2章介绍了社会经济调查和社会经济分析的方法与内容。第3章介绍了工程项目建设规模的概念、内容及确定方法。第4章介绍了工程项目建设条件与生产条件的内容，并给出了项目方案比选的基本方法。第5章介绍了项目总投资的概念，投资估算的要求、依据及作用，投资估算方法，以及资金筹措方案评价。第6章介绍了工程项目财务评价中的盈利能力分析和偿债能力分析，工程项目国民经济评价、非营利性项目财务评价以及敏感性分析的概念和步骤。第7章介绍了工程项目后评价的概念、内容和方法。

本书由李红镝、秦厉主编，李红镝统稿。李红镝、王旭东编写了第1章、第3章、第6章，秦厉编写了第2章、第4章、第5章、第7章。

本书在书稿整理过程中，得到了硕士研究生吴季钊、任亚南、肖秋盈、杜一凡等的大力帮助，在此表示感谢。

本书在编写过程中，参考了大量的专业文献，在此谨向相关文献的作者致谢。

由于编者水平有限，书中不免有缺点和疏漏，恳请读者指正。

编　者

2022年3月

目录

第1章 概　　论

💡 **学习目标** ┃

1. 了解项目评估的产生和发展。
2. 掌握项目评估的概念、原则、依据、内容和程序。
3. 了解项目评估与可行性研究之间的关系。

📖 **学习准备** ┃

为了更好地学习本章内容，应该了解项目评估的基本知识，包括项目建设基本程序、投资项目基本特征以及与项目管理相关的政策法规。

1.1　项目评估的发展历程

1.1.1　国外项目评估的发展历程

项目评估作为一个专门的工程评价方法与工程管理的工作阶段，最早起源于西方发达国家，后来逐渐在世界范围内得到了广泛的应用和推广，并收到了很好的效果。国内外的项目评估经历了不同的发展阶段，国外项目评估的发展大致经历了以下3个阶段。

1）初创阶段

20世纪30年代，世界范围内的经济大萧条使西方发达国家的经济和政策发生了重大变化，随着自由放任经济体系的崩溃，一些西方国家的政府开始实行各类新的经济政策。其中在加大公共项目投资和兴办基础设施中出现了最初的公共项目评估方法，从而产生了现代项目评估最初的原理和方法。例如，1936年，美国为了有效控制洪水而大兴水利工程并颁布了《全国洪水控制法》，该法正式规定了运用成本效益分析方法评估洪水控制和水域资源开发项目。该法还提出了这样的一些原则：只有当一个项目产生的效益（不论受益人是谁）大于其投入成本时该项目才能被认为是可行的。此后，美国还公布了一系列的相应法规，这些法规对项目评估的原则和程序作出了最初的一些规定。另外，当时的英国、加拿大等国政府也相继就项目评估作出了各自的一些规定。

2）形成阶段

现代项目评估的系统方法形成于20世纪60年代末期，在这个时期，一些西方发展经济学家致力于研究发展中国家的投资项目评估理论和方法。如英国牛津大学里特尔教授和米尔里斯教授于1968年合作出版了《发展中国家工业项目分析手册》，该书首次系统地阐述了项目评估的基本原理和方法。1975年，世界银行的经济专家恩夸尔等共同编著出版了《项目经济分析》，该书对项目评估的程序和方法作了系统的论述。1980年，联合国工业发展组织与阿拉伯工业发展中心联合编著了《工业项目评估手册》。这些著作的出版标志着项目评估的原理与方法在不断成熟和发展并被广泛应用。

3）推广阶段

20世纪80年代，人类社会进入了知识经济和信息时代，整个社会创造财富和福利的手段越来越倚重于各种以项目形式出现的开发与创新活动，这使得项目评估工作越来越受到各国政府和企业，尤其是发展中国家政府和企业的重视，从而项目评估在全世界获得了极大的应用和推广。现在不管是项目业主还是项目承包商，在项目决策中都要进行项目评估，而且项目的贷款银行和政府经济与环境保护等部门在作出各种项目决策时也都要做项目评估，只是各自评估的内容和方法有所不同而已。

1.1.2 我国项目评估的发展历程

我国项目评估从20世纪50年代末开始，大致经历了以下4个阶段。

1）初期引进阶段

最初是20世纪50年代末开始的引进阶段，当时主要是学习苏联计划经济体制下的项目论证方法。到了20世纪60年代初，我国将项目评估工作的发展正式列入全国科学发展规划，然而在随后的"文革"时期这一工作遭到冲击而停滞。

2）再次引进和推广阶段

20世纪70年代末期我国开始实施改革开放政策，项目评估工作又重新受到国家和企业的高度重视。我国先是全面介绍和引进西方国家和世界银行等国际金融组织以及联合国工业发展组织的项目评估原理和方法，其后随着我国经济体制改革的深入和对外开放的扩大，外商投资项目的日益增多，特别是1980年我国恢复在世界银行的地位以后，安排了大批专业人员在世界银行经济发展学院接受相关培训，这为我国与国际投资项目评估的做法和惯例的全面接轨提供了很好的机会。在这一时期中，很多高等院校和科研单位建立了相应的专业和研究机构，有关的译文、译著、论文和论著大量出现，这些不但为我国的项目评估发展奠定了理论基础，同时也推动了我国项目评估的应用和推广。

3）改进和提高阶段

进入20世纪80年代以后，国家管理部门对投资项目评估的研究和推广给予了高度重视。其中，原国家计委和原建设部于1982年在北京组织召开了"建设和改造项目经济评估讨论会"，有关项目设计、规划、咨询和研究的部门以及金融和政府管理机构，高等院校理论研究和教学等各方面专业人员均参加了这次会议。这次会议以我国项目的国民经济评估原理与方法为中心，全面探讨了国内外项目评估的理论和方法，从而大大推进了我国项目经济评估的研究和实践的发展。1986年，由国务院发展研究中心和中国人民建设银行在昆明联合召开了"可行性研究与经济评估讨论会"。在这次会议上，国务院有关部委、全国部分省市的科研部门、高等院校和项目设计咨询机构及银行和国家管理部门等方面的专家和学者，针对我国当时在项目可行性研究和项目评估中存在的问题，展开了深入的讨论并提出了关于项目决策科学化的政策和方法建议。这次会议同样大大推动了有中国特色的项目可行性研究和项目评估工作在我国的发展。另外，1986年，原国家计委和原建设部专门成立了建设项目经济评估方法编制组，该编制组在当年年底提交了《建设项目经济评估方法》讨论稿，随后由原国家计委和原建设部于1987年经中国计划出版社出版发行了《建设项目经济评估方法与参数》，这为我国的建设项目评估工作提供了必要的方法和依据。

4）自我研究与开发阶段

随着改革开放的深入，我国吸引外资及对外投资的增多，在项目评估的实践中涌现出一系列问题。我国原有的相关理论和方法中的不足之处越发明显，这推动我国项目评估进入了自我研究与开发阶段。其中，1993年原建设部在《建设项目经济评估方法与参数》（1987年第1版）的基础上进行了若干修订后由中国计划出版社出版了第2版，2006年出版的第3版进一步修订和明确了我国投资项目评估的理论依据、方式、方法、程序和主要的内容等。同时，原国家计委委托中国国际投资咨询总公司于2001年推出了具有指导性的项目评估的原理和方法并出版了《投资项目可行性研究指南》。另外，高校和科研机构也出版了多部相应的研究专著和教材。这些都为投资项目评估在我国的实际操作和应用提供了理论和方法。

1.2 投资和项目概述

1.2.1 投资的本质

投资是促进生产力发展、提高社会物质文明程度和改善人民生活水平的主要推动力，也是可行性研究与项目评估的重要研究范畴。因此，科学、准确地把握投资的本质是十分必要的。

投资是指经济主体为未来获得收益而于现在投入生产要素形成资产的一种经济活动。也可解释为经济主体为未来获得收益而现时投入的资金或资本。投资主体（或称投资者）可以是有权代表国家投资的政府部门、机构，也可以是企业、事业单位或个人。投资是这些自然人或法人进行的有意识的经济活动，他们追求的投资回报，既可以是投资所形成的资产投入运营后直接产生的内部收益率，也可以表现为项目因服务于社会公众而改善国民福利所产生的外部效益。

投资可分为生产资料投资和纯金融投资。在现实社会中，从个体角度来看，投资通常被理解为购买证券、土地及其他财产的行为，这些活动从全社会看并未发生资本存量的变动，而只是引起财产的转移，此为纯金融投资，又称间接投资。而经济学意义上的投资考察的则是物质资本的变化，如建造厂房、住宅、购置机器设备，以及增加存货等经济活动，此为生产资料投资，其实质是将资源要素转化为资本的形成过程，又称直接投资。

可行性研究和项目评估中所指的投资是直接投资，或者说是实际投资，而非间接投资。

就直接投资而言，投资还分为宏观投资和微观投资。宏观投资是指整个国民经济的投资，包括一定时期全社会范围内的投资规模、投资方向、投资结构和投资效益等。投资所涉及的这些问题是国家或地方政府根据其现有的资源条件、经济发展状况和未来的社会经济发展规划而确定的，或进行测算的，属于宏观经济范畴。微观投资一般是指项目投资，也可称为投资项目。尽管项目的范畴较大，涵盖一系列的活动，包括横向的项目和纵向的项目，但都作为一个投资项目来考虑。因此，在项目评估及可行性研究中的投资一般是指微观投资。

1.2.2 投资的特点

投资类的项目在实践中表现出预付性、收益性、长期性、风险性等特点，具体总结见表 1-1。

投 资 特 点 表 1-1

特点	解 释
预付性	即支出在前，回报在后。无论直接投资还是间接投资，投资主体为获得预期收益都需预先一次性地投入资源，等资本资产形成并发挥效益后，才能从运营中逐步获得收益和回报
收益性	即因资源的投入而带来产出、收益或增值的特性。投资目的的多样性决定了投资收益的多重性。投资收益可表现为用货币为计量尺度的财务收益，一般是企业或私人投资行为的特征；也可表现为难以用货币尺度进行量化的社会效益，如公共工程、公益项目投资，一般是政府投资行为的特征
长期性	与消费行为的即时性不同，投资在于取得持续的效益和回报。投资具有从资金投入到全部收回通常需要经历较长时间的特性。投资周期由建设周期和运营周期组成。由于资产形成的技术经济特点决定了其建设周期较长，从投资建设到投入使用之间存在明显的时间差。投入运营后，资本资产不是被一次性消费，而是能够被重复使用，形成较长的运营使用期
风险性	指由于事先无法预测或虽能预测但被难以避免的因素影响，使投资者的实际收益与预期收益之间发生背离和损失的特点。投资的风险性来源于投资的预付性和长期性，是未来的不确定性导致了投资风险

1.2.3 投资的作用

1）宏观角度

（1）投资增加，会相应地扩大内需，从而增加社会总需求水平；投资减少，会相应地减少内需，从而减少社会总需求水平。从短期来看，产出和就业水平的变化也取决于投资水平。投资增加，会增加社会的产出水平，同时提供更多的就业机会。

（2）通过投资能够增加社会的资本积累，提高潜在的生产能力，从而促进长期的经济增长。

2）微观角度

（1）增强投资者的经济技术实力。投资者通过投资项目的实施，不但增加了资本积累，而且提高了获得收益的能力，同时也增强了抵御风险的能力。

（2）提高投资者不断创新的能力。投资者通过自主研发或购买知识产权，并实施投资项目，实现科技成果的商品化和产业化，就可以不断地取得创新利润或垄断利润，从而使投资者具备长期的经济发展实力。

（3）增加投资者的市场竞争能力。经验表明，企业的市场竞争能力不但体现在技术创新上，而且取决于企业的规模。通过实施投资项目，可以扩大投资者的生产规模，达到规模经济，或者增加产品的种类，实行范围经济，在市场竞争中立于不败之地。

1.2.4 项目的概念和特点

1）项目的概念

现代项目管理的理论认为：项目是一个组织为实现自己的既定目标，在一定的时间、人员和其他资源的约束条件下所开展的一种有一定独特性的、一次性的工作。从现有的项目定义中可以看出，其中主要包含以下3层含义：

（1）项目是一项有待完成的任务，并且具有特定的运作环境要求。这一点明确了项目自身的动态概念，即项目是指一个过程，而不是最终结果。

（2）项目是在一定的组织机构内，利用有限资源（如人力、物力、财力等），在规定的时间内完成的任务。它表明任何项目的实施都会受到一定的条件约束，在众多的约束条件中，质量（或工作标准）、进度（或工作期限）、费用是项目普遍存在的3个约束条件。

（3）完成这项任务必须要满足一定性能、质量、数量、技术指标等要求。项目能否圆满实现，能否交付用户，必须达到事先规定的目标要求，项目合同契约对上述这些来自用户或项目出资人的要求均有严格的规定。

2）项目的特点

为了达到预期的目标，项目由以下5个要素构成：项目的（界定）范围、项目的组织结构、项目的质量、项目的费用、项目的时间进度。

通过对项目概念和组成要素的认识和理解，可以归纳出项目一般具有6个方面的特点，见表1-2。

项 目 的 特 点　　　　　　　　　　　　　　　　表 1-2

特点	解　　释
目标的明确性	任何一个投资项目都具有明确的目的或目标，并且可以将其分解为各个子目标，子目标的逐一完成，才能实现项目的最终目标
独特性	每个项目都有一些独特的部分，区别于其他项目（体现在行业、地点、时间、规模、技术等），即使是目标相同的两个项目也各有其特殊性
制约性	投资项目实施往往都会受资金、时间、技术等资源条件约束，项目各阶段、利益相关的各部门间在责权利、分工协作方面便容易产生冲突和矛盾，所以，为了克服和解决这些问题，在项目管理中必须妥善处理这些冲突
整体性	项目是为实现目标而开展的各种各样工作任务的集合，它不是一项孤立的活动，而是一系列活动的有机组合，从而形成一个完整的系统过程。强调项目的整体性，也就是强调项目的过程性和系统性
一次性（短期性）	项目不仅仅是正在进行的工作，而且是有一个明确结束点的一次性任务，即对项目整体而言，任务完成，目标实现，项目即结束，没有重复。即便重新复制一个性能、规模相同的工程，由于任务在时间、地点等方面的客观差异，而使之成为另一个同类的项目
寿命周期阶段特征	任何项目都有其寿命周期，不同项目的寿命周期划分不尽一致，但大多会经历启动、开发、实施、结束这样一个过程，常称为"寿命周期"

3）项目的分类方法

项目可以按照以下不同的分类原则进行分类：

（1）按经济评价方法划分，可分为新建项目、改扩建项目、更新改造项目。

（2）按投资计划管理制度划分，可分为基本建设项目、技术改造项目。

（3）按建设规模划分，可分为大型项目、中型项目、小型项目。

（4）按建设阶段划分，可分为筹（拟）建项目、施工项目、竣工项目、投产运营项目。

（5）按隶属关系划分，可分为国家重点工程项目、部直属项目、地方项目等。

（6）按投资主体划分，可分为国内投资项目（政府、企业及其他组织、个人）、国际合作项目、外商投资项目、中外合资项目等。

在项目可行性研究和项目评估中，为了经济评价上的方便，一般采用第一种分类方法。

4）项目的利益相关者

一个项目的实施，需要多方面的个人和组织积极参与。项目的利益相关者，可以定义为在项目中有既定利益的任何人员，主要包括以下 7 类：

（1）客户或委托人。它可能是一个人、一个组织、一个团体或是对同一项目结果有相同需求的多个组织。一般客户向被委托人提交需求建议书之时，就是项目诞生之时。客户既是项目结果的需求者，也是项目实施的资金提供者。

（2）项目发起人。项目发起人是最先执行项目的人，他可能是客户，但在许多情况下是第三方。项目发起人负责保证项目得到合适的预算款项，以及团队具有实现项目目标所需的资源。

（3）项目经理。项目经理是对保证按时、按照预算、按照工作范围以及所要求的性能水平完成项目的全面负责人。

（4）被委托人或承包商。即承接项目满足客户需求的项目承建方。从项目启动、规划到项目实施和结尾的整个管理过程中，被委托人始终处于主导地位。因此，被委托人素质和能力的高低直接关系着项目质量的高低。选择一个好的项目承包方，是创造高质量项目的关键。

（5）供应商。即为项目的承包商提供原材料、设备、工具等物资设备的负责方。为了确保项目的实施进度和质量，每个承包商一般都有自己相对固定的供应商。

（6）分包商。由于现代项目技术复杂、工程量大、客户要求高，一般承包商在承接项目之后，都要将总项目中的一些子项目再转包给不同的分包商。这将有效地发挥各自的特长，使项目能够高质量完成，但同时也增加了项目管理的复杂性。

（7）其他利益相关者。除上述项目的直接利益相关者之外，还有一类个人和组织与项目之间有或多或少的利益关系，例如政府的有关部门、社区公众、项目用户、新闻媒体、市场中潜在的竞争对手和合作伙伴等。

项目不同的利益相关者对项目有不同的期望和需求，他们关注的目标和重点也不同。弄清楚哪些是项目的利益相关者，他们各自的需求和期望是什么，这对项目管理者来说非常重要。只有这样，才能对项目利益相关者的需求和期望进行管理并施加影响，调动其积极因素，化解消极影响，以确保项目的成功。

1.3　项目评估的概念

项目评估的概念有狭义与广义之分。狭义的项目评估是指对于一个项目经济特性的评估和审定，即按照给定的项目目标去权衡项目的经济得失并给出相应结论的一种工作。广义的项目评估是指在项目决策与实施活动过程中所开展的一系列分析与评估活动。这包括在项目决策阶段对其必要性、技术可行性、经济合理性、环境可行性和运行条件的可行性等方面进行的全面系统的分析和论证工作，这种项目评估的目的是为项目决策提供依据；也包括在项目实施过程中对项目实施情况和未来发展进程的跟踪评估，其目的是对项目实际进展进行监督和跟踪检查等；同时还包括在项目完成以后一段时间内对项目进行的后评估，其目的是检验项目前期决策、修订调整将来项目决策标准和政策以及为项目日后的在运营维护期中的可持续发展提供信息。本书的项目评估是指广义的项目评估，其基本特征如下。

（1）决策支持的特性。所有的项目评估都是为项目决策提供支持和服务的，无论项目前评估、项目后评估还是项目跟踪评估，只是它们支持的项目决策阶段和内容不同而已。人们需要借助项目评估给出的分析与研究结果，然后加上自己的判断和选择去最终作出项目决策。

（2）比较分析的特性。任何项目评估都应该具有比较分析的特性，因为这些项目评估都需要对项目各种备选方案（甚至包括不开展项目的方案）在各种可能的情况下的技术经济投入和结果作出分析，并比较和找出其中相对最优的项目方案，从而对项目决策提供支持。

（3）假设前提的特性。在项目评估中所使用的各种项目数据一般有两种：一是项目既定实际情况的描述数据，二是根据项目各种假设前提条件确定的预测数据。不管是项目的前评估和后评估还是项目的跟踪评估，在开展评估时人们都必须对各种不确定的情况作出必要的假设，然后根据这些假设去分析确定出相应的预测数据，并根据它们作出项目的评估。所以项目评估具有假设前提的基本特性。

除上述特性外，项目评估还有许多其他的特性，如项目评估的时效性（必须及时开展评估和提供与使用项目评估的结果，过期就会失去价值）、主观与客观的继承性（主观的假设和判断与客观的情况和数据的结合）、目的性（为项目决策和项目实施提供支持）等。这些项目评估的特性在很大程度上影响着项目评估的实施与成败。

1.4 项目评估的原则和内容

1.4.1 项目评估的原则

项目评估原则是项目评估人员及其相关人员在开展项目评估时应当遵循的基

本行为准则。

1）公正性原则

公正性原则是指建设项目评估人员在进行建设项目评估时，应当在取得真实的数据资料的基础上，采用科学的方法，对建设项目的技术经济效果作出客观公正的评价的原则。这一原则包括以下两个方面的含义：

（1）客观。是指建设项目评估人员应当站在客观的立场上开展评估工作。公正性原则既是对建设项目评估工作的基本要求，亦是对建设项目评估人员基本素质的要求。这是因为，任何离开这一原则的做法都将得出不科学的评估结论，必然导致以此为依据的决策失误，给投资者或贷款金融机构造成损失。

（2）真实。是指在进行建设项目评估时，评估人员应当在调查研究的基础上取得真实可靠的数据资料，即数据资料必须能够真实地反映建设项目的实际情况；建设项目的有关指标数据必须经过科学的方法计算，即在计算中不允许任意改动原始数据、中间数据或结果数据。这是决定评估结论是否正确的关键，任意编造或篡改评估数据或评估结论的做法都是不允许的，其结果必然是误导投资决策，造成投资决策失败。

2）独立性原则

独立性原则是指建设项目评估工作应当独立进行的原则。这一原则包括以下两个方面的含义：

（1）建设项目评估人员的独立地位。在正式开展建设项目评估工作之前，应当成立具有独立地位的建设项目评估小组。其成员应当由非决策人员组成，并且同一个建设项目的评估人员和评估审查（审批）人员不得同时担任，更不能由同一人既担任建设项目的评估小组组长又担任该建设项目的评估审查（审批）小组组长。这是在实际工作中非常容易被人们忽视但又非常重要的问题。被人忽视的主要原因在于没有一种强有力的评审分离的制度安排。

（2）建设项目评估人员独立地开展评估工作。建设项目评估人员不能接受任何行政领导的任何干预，项目评估人员的行政领导不得以任何方式诱导或施加压力促使评估人员作出不实评估。同时，建设项目评估人员有权拒绝有关领导要求其作出不实评估的指标。

建设项目的独立性原则，既是保证建设项目评估工作质量的基本行为准则，又是保证建设项目评估工作正常、顺利开展的基本前提。因此，建设项目评估的独立性原则，不但在理论上应当引起理论工作者的充分关注，而且应当引起实际部门的高度重视；否则，建设项目评估流于形式甚至成为某些人滥用职权的局面将长期得不到改变，建设项目投资效率低下的情况也将成为无法解决的问题。

3）现时性原则

现时性原则是指建设项目评估所用的数据、资料和依据等都应当是现时的或现行的，评估工作（包括评估报告）应当在规定的时间内完成的原则。这一原则包括以下3个方面的含义：

（1）评估数据、资料的现时性。是指在建设项目评估中采用的数据资料都必须是反映评估时的现时或能够反映现时的数据资料，主要数据资料是当前从实际调查中得到的。只有在不太重要的情况下或得不到现时数据的情况下，才可以利用非现时的数据资料（如在进行产品销售量预测时用到历史数据资料），但也必须是反映现时的或近期发展趋势的。

（2）评估依据的现时性。在建设项目评估中用到的评估依据，如各种规范、标准、制度（如财税制度等）必须是现行有效的；若采用已经不再使用的或非本项目可以适用的"依据"，必然会导致评估失真乃至评估无效。

（3）评估工作的现时性。项目评估具有广泛的内涵，它包括项目管理的每一个阶段，其中还包括事后评估。应该指出的是，不同阶段的评估都应该是当时情况下的真实反映。

4）规范性原则

规范性原则是指建设项目评估及其报告的内容、方法和格式应当在统一的标准下完成的原则。这一原则包括以下3个方面的含义：

（1）评估内容的规范性。建设项目评估是一项复杂而细致的工作，不仅技术性强，而且理论性和实践性也很强。从建设项目评估的技术处理上看，其评估可以利用的技术是广泛而复杂的；从建设项目评估的理论看，评估人员对建设项目评估理论把握的深度及其对建设项目评估理论的理解，对建设项目评估工作的影响是十分重大的；从建设项目评估实践看，每一个建设项目都有着各自不同的特点或特殊情况。因此，如果没有一个至少在全国范围内统一的建设项目评估的内容要求，建设项目评估就无法比较同一区域中各个不同的建设项目之间，以及同一建设项目在不同的区域中建设方案之间的优劣。这就必然导致建设项目评估不能解决建设项目投资决策的科学性问题，甚至反而会给建设项目的投资决策增加工作难度。

（2）评估方法的规范性。建设性项目评估已经形成了比较系统的方法体系，按照统一的方法开展建设项目评估工作，以规范的评估算法、评估报表和评估指标完成建设项目报告，有利于建设项目之间，以及同样的建设项目不同技术方案之间、不同建设区域方案或不同建设实践方案之间进行比较研究，这样才能够提高决策效率，优化建设项目投资结构。

（3）建设项目评估报告的内容和格式的规范性。建设项目评估报告，是建设项目评估小组向建设项目投资决策部门（或决策者）或建设项目投资贷款决策部门（或决策者）提交的文字报告，是建设项目评估工作的总结性成果。建设项目评估报告的质量总体上反映了建设项目评估工作的质量。

建设项目评估报告内容和格式的标准化有利于提高建设项目评估质量。同时，建设项目投资决策以建设项目评估为依据，实际上也是以建设项目评估报告为依据的。因此，建设项目评估报告的内容和格式的规范化，本质上是建设项目评估自身对建设项目评估报告的要求。另一方面，从建设项目投资决策和建设项目投资贷款政策上看，采用规范的内容和格式完成建设项目评估报告，可以在不同的建设项目之间及同一建设项目在不同的技术方案之间、不同的时间方案之间或在不同的建设区域方案之间进行优劣比较。这是建设项目投资决策的要求，实际上也正是建设项目评估的意义所在。反之，如果对建设项目评估报告的内容和格式不加以规范，所完成的建设项目评估报告之间就难以进行比较分析，建设项目投资方案之间也就无法进行比较，因此建设项目投资决策者或建设项目投资贷款决策者，也就不可能知道哪一个方案在总的投资方案中是最佳方案。建设项目评估也就失去了在建设项目投资决策或建设项目投资贷款决策中的工具性作用。

5）适度深度原则

适度深度原则是指建设项目评估工作深度（包括建设项目评估报告的深度）应当能够满足建设项目投资决策或建设项目投资贷款决策要求的原则。

建设项目评估工作深度是建设项目评估工作的深入程度。这种深度要求主要是指建设项目经济评估深度。一般而言，建设项目经济评估深度可以分为一级评估深度、二级评估深度、三级评估深度、四级评估深度、五级评估深度。

（1）一级评估深度的工作内容包括：①财务预测；②财务评价；③国民经济评价；④环境评价；⑤社会评价；⑥不确定性分析与评价（可分为盈亏平衡分析、敏感性、分析概率分析、风险决策分析）。

（2）二级评估深度的工作内容包括一级评估深度工作内容第①~④项和第⑥项中的盈亏平衡分析、敏感性。

（3）三级评估深度的工作内容包括一级评估深度工作内容第①~③项和第⑥

项中的盈亏平衡分析、敏感性。

（4）四级评估深度的工作内容包括一级评估深度工作内容第①②两项和第⑥项中的盈亏平衡分析。

（5）五级评估深度的工作内容包括一级评估深度工作内容第①②两项。

仅清楚建设项目评估深度层次显然是不够的，评估人员还必须知道如何确定每一个具体的建设项目应当在何种深度上进行评估。否则，建设项目评估工作也无法较好地得以开展。一般而言，确定建设项目评估深度的标准主要有以下两个方面。

（1）总投资。总投资是决定某一个具体的建设项目投资规模的核心指标（当然，亦可以设计生产能力等指标表示建设项目投资规模）。这样，以建设项目投资规模确定的建设项目与评估深度之间的对应关系为：

① 大型建设项目和特大型建设项目为一级评估深度；

② 中型建设项目为二级评估深度；

③ 小型建设项目为三级评估深度；

④ 超小型建设项目为四级评估深度；

⑤ 微型建设项目为五级评估深度。

必须强调的是，总投资并非确定建设项目投资规模的唯一标准，亦不是决定建设项目评估深度的唯一标准。

（2）决策难度。这是确定建设项目评估深度的第二个标准。构成决策难度的主要原因是评估项目（指拟确定要进行评估的具体的建设项目）的复杂性。评估项目越复杂，决策难度也就越大。而决策难度越大，对建设项目评估提出的要求也就越高。因此，决策难度与评估深度是正相关的关系。随着决策难度的提高，评估难度相应升级。这样，对于一个具体的建设项目的评估深度的确定，应当先根据该建设项目的投资规模确定，再根据其决策难度进行适当调整，以满足建设项目投资决策或投资贷款决策的要求。此外，不同的投资主体，对评估深度也有不同的要求。如对中小投资者而言，虽然绝对投资规模较小，但其投资风险也很大，也应进行深度评估。

6）最优化原则

最优化原则是指在进行建设项目评估时应当进行多方案比较，并选择最优方案的原则。最优化选择的内容如下：

（1）技术方案的最优化，即通过设计若干可供选择的技术方案进行分析和论证，选择最佳方案。

（2）投资效果最优化，即在选定的技术方案下进行投资效果的计算、分析、论证和评价，选择投资效果最佳的方案供投资决策参考。在技术方案最优化和投资效果最优化之间产生矛盾或二者不能同时形成理想结论时，应当进行方案的调整或修改，以最终实现整个建设项目技术、经济、环境和社会效果的协调。

值得注意的是，在进行建设项目评估时，其侧重点在于经济方面的评价（有的建设项目，尤其是公共投资项目，可能侧重于环境评价或社会评价）。然而，建设项目的经济评价、环境评价和社会评价都是建立在建设项目的技术评价之上的，并且依赖于技术评价的结论。这是因为，在采用不同的技术方案的情况下，建设项目的总投资、产量和产品质量等各种在经济评价、环境评价和社会评价中用到的数据都会发生变化，这将直接影响到经济评价、环境评价和社会评价的结论，甚至会完全改变经济评价、环境评价或社会评价的结论。在进行建设项目经济评估、环境评价、社会评价之前，必须先做好建设项目的技术评估，并以技术评估的最优方案为基础进行经济评价、环境评价、社会评价和不确定性分析，最终进行全面平衡。

7）技术进步原则

技术进步原则是指建设项目评估应当能够从总体水平上反映人类在该建设项目技术方面的先进性的原则。

技术进步是人类社会发展，尤其是经济发展的"推动力"或内动力。建设项目技术含量越高，意味着建设项目的生产力水平越高。建设项目反映的技术水平应当能够代表人类发展的当前水平。人类对高、新技术成果的应用实际上就是建设项目对高、新技术的吸纳过程。在建设项目中对高、新技术的应用既是建设项目自身的需要，同时亦是建设项目反过来推动技术进步的需要，即技术进步自身的需要。

技术进步原则的内容包括：

（1）技术的理论成果或实验室成果在建设项目中的应用。

（2）建设项目应当能够反映已经在其国家或地区的同类型建设项目中应用的先进技术水平。

8）市场性原则

市场性原则是指在进行建设项目评估时，应当全过程地将建设项目置于市场中进行考察、计算、分析和评价的原则。

市场是建设项目赖以生存的条件，是建设项目投资决策和建设项目投资放款决策的客观环境。对于一个生产性建设项目而言，其建成投产后所生产的产品能否在市场上适销对路，是决定该建设项目能否盈利的关键所在，也是决定建设项目是否应当投资的决定性因素。同时，建设项目建成投产后的盈利性及其盈利大小都取决于以下一些因素。

（1）建设项目的投资成本取决于：

① 建设项目土建投资（其成本取决于建筑市场）；

② 建设项目设备投资（其成本取决于设备市场）；

③ 建设项目安装投资（其成本取决于安装市场）；

④ 建设项目无形资产投资（其成本取决于无形资产市场）；

⑤ 建设项目递延资产投资（其成本取决于递延费用的形成市场）。

（2）建设项目建成投产后的生产成本取决于：

① 原材料市场供应及其价格；

② 燃料、动力的市场供应机器价格；

③ 由投资成本决定的折旧；

④ 劳动力市场价格；

⑤ 由金融市场决定的贷款利息；

⑥ 面向市场的管理。

（3）建设项目的收益水平取决于市场因素决定的产品销售量和市场价格。服务性建设项目的经营成本及经营收益同样取决于市场。从建设项目投资决策或建设项目投资放款决策方面看，获利性建设项目的决策行为必须在市场环境中完成。

对于非营利性建设项目而言，建设项目评估工作也应当自始至终地将其置于市场中考虑。这是因为，任何一个非营利性建设项目本身就是不离开市场的；建设项目的建设总是需要土建、设备购置与安装等与市场密切相关的经济活动。

9）谨慎性原则

谨慎性原则是指在进行建设项目评估时，应当充分考虑可能发生的来自各方面风险的原则。

建设项目的评估工作重点在于对评估项目的未来财务状况及其成果、国民经济效果、环境影响和社会影响方面作出预测、计算、分析和评价。然而，评估项目的未来财务及经济状况却是不确定的，即评估项目面临着许多难以预见或不可预见的风险。建设项目评估应当能够充分估计这些风险的存在，并能够充分考虑这些风险可能造成的损失。如果在进行建设项目评估时对于可能出现的风险不予考虑，则会人为地夸大评估项目的净收益水平，从而使建立在这种评估结论基础上的投资决策或放款决策失去其科学性。一旦评估时未顾及的风险现实化，必然形成实际的损失。在非常情况下，如果风险现实化损失大于评估净效益，则建设项目实际财务收益或国民经济效益必与评估财务收益或国民经济效果形成两个相反的极端，即评估可行的结论实际是不可行的。投资决策失误成为现实，投资损失也必然成为现实。在此种情况下，实际上是评估误导了投资决策或放款决策。因此，在进行建设项目评估时应当遵循谨慎性原则，充分估计可能发生的来自各方面的风险对评估项目可能造成的损失。

10）充分性原则

充分性原则是指在进行建设项目评估时，对于应当进行的每一项建设项目评估工作都应当全面细致地完成。其含义包括如下两个方面：

（1）全面细致地完成评估项目的调查工作。建设项目评估的预测、分析、评价及其结论都是建立在建设项目调查工作基础之上的。因此，全面细致地完成对评估项目的调查工作关系到评估结论的正确性。任何一个调查环节的失误都可能造成评估结论的错误，从而导致投资决策失误或放款决策失误，造成投资损失或贷款损失。所以，充分做好建设项目的前期调查工作，对于保证建设项目评估质量具有十分重要的意义。

（2）全面细致地完成《建设项目评估报告》。《建设项目评估报告》是建设项目评估的成果，亦是建设项目评估工作的重要过程。全面细致地完成建设项目评估报告的每一项工作是保证建设项目评估质量的基础。任何一项建设项目评估报告中的工作失误甚至工作不够扎实与细致都有可能造成评估结论错误，从而误导投资决策或放款决策，造成不良后果。因此，遵循建设项目评估的充分性原则，全面细致地完成《建设项目评估报告》，对于充分发挥建设项目评估的投资决策工具作用和放款决策工具作用，都具有极其重要的意义。

11）系统性原则

系统性原则是指在进行建设项目评估时，应当从多方面考虑，通过计算各种指标，分析各种数据、资料，权衡各种数据、资料和情况反映的结果，进行综合平衡后作出合理评价的原则。

建设项目评估涉及的工作面广泛，各项工作所面临的问题也较为复杂。并且，通过计算形成的各评估指标之间发生矛盾的现象也十分普遍。例如，在进行建设项目财务评价和国民经济评价时，就会出现财务效益可行但国民经济效益不可行，或财务效益不可行而国民经济效益可行的矛盾现象。这时就必须权衡国民经济效益和财务效益的得失，寻找平衡二者的条件。又如，实现项目配套建设，以避免单纯考虑财务效益之弊；财务优惠措施扶持财务效益较差而国民经济效益较佳的建设项目发展等。这样才能真正实现建设项目评估的目标，而不至于因某些小问题而丢掉有利于国民经济或社会发展的建设项目，也能够避免因盲目追求某些指标的高水平而给企业经济或国民经济的健康发展造成困难。

1.4.2　项目评估的基本要求

编制项目评估报告要求做到以下4点：

1）基础资料翔实

因为基础资料的全面可靠与否直接关系到整个项目评估的质量好坏，所以对收集到的资料要加以分析、整理，去伪存真，如资料的来源、日期和数据的统计口径、在不同条件下的换算方法等。

2）评估内容全面

一个项目能否成立取决于众多因素，缺一不可，不仅要从微观经济的角度对项目进行评估，而且要求从宏观经济的角度对项目进行评价和研究。因此，项目评估要全面研究国家政策、国民经济长期发展规划和地方经济社会发展规划。在前期工作中尽可能对主要问题加以详尽地研究，使项目选择建立在可靠的基础上，建成后能发挥最好的效益，避免或减少因盲目建设、仓促上马带来的损失和浪费。

3）评估深度得当

可行性研究注重对项目的前提性和关键性综合技术经济问题的研究。研究应具有相当的深度，研究结论才能比较明确和肯定，而不致设计、施工和生产中的重大变更。我国基本建设程序规定有初步设计阶段，凡属初步设计应解决的问题，不必统统拿到可行性研究中来解决，否则会增加可行性研究的时间，放慢项目实施进度，并且会干扰可行性研究中重大问题的解决。因此，对可行性研究进行评估时要注意适当的深度。

（1）项目建议书的评估就是对项目立项的评估，着重研究项目对国民经济的作用和建设的必要性与可行性，作为国家对投资项目进行初步决策的依据。

（2）对拟建项目可行性研究报告的评估，主要包括：项目是否符合国家有关政策、法令和规定；项目是否符合国家宏观经济发展的需要，符合国家经济长远规划、行业规划和国土规划的要求，项目布局是否合理；项目在工程技术上是否先进适用，在经济和社会效益上是否合理有效。为此，项目评估人员必须从国家全局利益出发，坚持实事求是的原则，认真调查研究，广泛听取各方面的意见，对可行性研究报告中的基础资料、技术和经济参数进行认真审核查实。

4）项目评估应具有客观公正性

项目评估作为一种科学的方法，在论证当中必须保持编制单位的客观公正性，不受外界因素的干扰。国外许多咨询机构在进行项目评估时，特别强调客观和公正的原则，以保证咨询服务质量，维护其声誉和地位。总结过去的经验，尤其需要避免"长官意志"。

1.4.3 项目评估的内容

不管是项目前评估、跟踪评估还是项目后评估，只要是项目评估，一般就必须包括两个方面的内容：一是项目的单项评估，二是项目的综合评估。所以，项目评估的主要内容包括以下 6 个方面。

1）项目经济评估

项目经济评估是指对于项目各种经济特性的分析和评估。这又可以进一步分为财务评估和国民经济评估两个方面。其中，项目财务评估是以国家现行财税制度为依据，从企业的经济效益出发所作的项目经济特性的评估。这一评估中所使用的主要指标包括项目投资利润率、项目投资回收期、项目财务净现值和项目内部收益率等。项目财务评估的根本目的是分析和确认项目在企业财务和成本效益方面的必要性和可行性。

项目经济评估中的国民经济评估是从国家（行业）和整个社会的角度出发，对项目在国民经济方面的成本效益进行的全面评估。因为这种评估是从国民经济全局出发所作的项目评估，所以它使用的数据都是以影子价格为基础的各种实际和预测数据。这一评估的根本作用在于防止出现对企业有利而有损国家和社会利益的项目，确保全社会投入的项目能够达到对国家和企业的经济效益都好的目标。实际上判断一个项目的可行性和优劣首先要看项目对国民经济和社会发展所做贡献的大小，因此，项目的国民经济评估是项目评估中首要的评估。这一评估中所使用的主要指标包括项目投资利税率、项目经济投资回收期、项目经济净现值和项目经济内部收益率（运用影子价格、影子汇率和社会折现率等）等。

2）项目技术评估

项目的技术评估也是项目评估中的一个重要的专项评估。这种评估的主要评估内容包括两个方面：一是对于项目本身生产运营技术的可行性和先进性的评估，二是对于项目实施过程中所用技术的可行性和先进性的评估。其中，前者是对项目建成投入运营以后所使用的生产工艺和技术的全面评估，这种评估会涉及对于各种不同的生产工艺技术方案的科学性、可行性和先进性的评估和确认。很多时候，这一评估是整个项目各项评估的基础，因为选用不同生产运营技术的项目投资和效益都是不同的。另外，项目技术评估还包括对在项目实施过程中多采用的项目开发或实施技术方案的科学性、可行性和先进性的评估，甚至包括对于项目实施所采用的施工组织技术方案的评估等。

项目技术评估除了要确保项目技术的科学性、可行性和先进性以外，在很大程度上还需要考虑项目技术的经济特性，既要对项目技术进行必要的价值分析（或叫价值工程），识别并给出能够在确保项目质量的前提下，以较低投资或成本去实现项目目标的实施技术和生产工艺技术。在开展对于项目技术的评估过程中，还必须同时考虑项目技术设备选用的评估和项目技术支持体系的评估。因为任何一个项目的技术的构成都应该包括工艺技术、技术设备、技术人员和技术支持体系4个基本元素，所以在项目技术评估中应该从系统的角度全面评估一个项目技术系统的4个基本元素是否科学、可行和先进。

3）项目运行条件评估

项目运行条件主要是指在项目投入运行以后所面临的各种运行环境和支持条件以及项目在实施过程中的外部支持环境条件等。由于这些项目运行环境条件对于项目的经济效益核技术运行等都有很重要的影响，所以这方面的项目评估同样是十分重要的。项目运行条件的评估内容主要包括：①项目运行的各种资源供应条件的评估（包括人力资源、物力资源和财力资源的供应条件等），这是对项目运行的各种输入条件的评估；②项目运行产出所面对的市场条件评估（包括项目市场需求情况、市场竞争情况和市场运行情况等），这是对项目运行的各种输出条件的评估；③项目运行宏观条件的评估（包括项目运行的国民经济环境条件、国家和地方的政治法律环境条件、社会文化环境条件、自然环境条件等），这是对于项目运行所涉及的各种支持条件的评估。项目运行条件的评估主要是对于项目投入运营以后所面临的各种环境条件的全面评估，也是一种从项目运营支持条件出发进行的项目可行性分析与研究。

4）项目环境影响评估

项目环境影响评估是指对于在项目实施和运营中给自然环境和社会环境所造成的各种影响的全面评估。其中，项目对于自然环境的影响包括项目对于生态、大气、水、海洋、土地、森林和草原等方面的影响，而项目对于社会环境的影响包括项目对于社会文化、文化遗迹、少数民族文化习俗和风景名胜区等方面的影响。项目对于自然环境的影响评估主要是分析和评估由于项目实施和运营而向自然环境排放的各种有害废弃物对环境所造成的破坏和污染，如废水、废气、固体废弃物和噪声等。项目对于社会环境的影响评估主要是分析和评估由于项目的实施和运营造成的社会文化风气的恶化、文化遗产的损失、少数民族文化的破坏以及造成的失业、流离失所与道德沦丧等。

通常在项目环境影响评估中有关项目对自然环境的影响比较容易进行，而项目对社会环境的影响评估比较困难。另外，需要注意的是，任何项目的环境影响评估都需要从项目实施和运行两个方面对项目给各种自然和社会环境所造成的危害进行评估。同时，这种评估都必须包括两个方面的内容：一是项目对环境造成的负面影响的评估（包括对于危害的估算和对于消除这些危害所需代价的估算等），二是对消除这些对环境影响危害的各种措施所进行的评估。例如，项目需要建立污水处理厂来消除由于项目运营而排除的废水对环境造成影响，新建的污水处理厂就属于采取的措施，同样也需要进行全面的评估。

5）项目风险评估

项目风险评估是对于项目的不确定性可能带来的损失或机遇的一种全面评估，也是项目评估的一个重要组成部分。由于任何项目的实施和运营过程中都存在各种各样的不确定性事件，这些不确定性事件最终可能带来收益也可能带来损失，为了达到趋利避害的目的就必须对项目的所有风险进行全面的评估。特别是由于在项目前评估和跟踪评估中都使用带有各种假设前提条件的预测数据（如对市场需求未来发展趋势的估算和预测、对项目所用资源未来价格的估算和预测、对国民经济未来发展趋势的估计和预测等），而随着项目的实施和运行开展，项目的实际发生数据会与这些预测和估算的数据发生偏离或差异，这样就会给项目造成风险，从而需要开展这方面的项目评估。

任何一个项目都有一定的不确定性和风险，项目风险评估就是要识别这些风险、度量这些风险并给出应对这些风险的措施。项目风险评估从项目存在的各种不确定因素的分析入手，找出项目风险事件一旦发生时项目各种评估指标的变化，从而分析和预测人们是否能够承担这些项目风险，并最终给出一个项目风险评估的结果，即项目的不确定性和风险性。项目风险评估通常包括盈亏平衡分析、敏感性分析、概率分析和仿真模拟等多种方法。项目风险评估在很大程度上可以缩小人们的主观分析和预测与项目实际情况的偏差，提高项目的抗风险能力并做好各种项目风险的应变措施，从而消除项目的风险或者使项目风险事件发生时的损失降到最低程度。

6）项目综合评估

项目综合评估还有其他专门针对具体项目的单项评估内容，但一般项目最主要的单项评估就是上述 5 个方面的评估。然而，上述 5 个方面的评估都是从某个侧面对项目的科学性、可行性和必要性所作的评估，在此基础上人们还必须设法综合上述 5 个方面的项目专项评估结果，从而给出对于一个项目的综合评估结果，这就是任何项目都必须有的项目综合评估。

项目综合评估是对项目各自方面专项评估内容所作的汇总性和综合性的全面评估，这种评估可以采用相应的方法对项目专项评估的结果进行综合与集成。在项目综合评估中使用最多的有连加性的权重法、连乘性的权重法和层次分析法等。其中，连加性和连乘性的权重法都是一种将各个项目备选方案的专项评估指标打分，乘以权重系数后连加或连乘而得到项目综合评估结果的方法。需要注意的是，连乘性权重法的各个项目评估指标具有对于项目综合评估结果的"一票否决权"（因为只要乘以一个零，总体结果就是零了），而连加性权重法没有这种"一票否决权"。层次分析法是将项目综合评估的定性和定量指标集中在同一模型中进行项目综合评估的方法，它使用两两对照的比较矩阵去获得项目指标的量化及其权重的量化，最终获得项目综合评估结果。不管采用哪种方法综合项目专项评估的内容来得出项目综合评估的结论，项目综合评估的结果是决策者所需的项目决策信息的关键性内容。

1.4.4　项目评估与可行性研究的区别与联系

1）项目评估与可行性研究的共同点

（1）两者同处于项目投资的前期，都是在投资决策前为项目实施所进行的技术经济分析论证工作。两者都是前期工作中不可缺少的工作阶段，是关系到项目的生命力及其在未来市场的竞争能力的重要步骤，是决定项目的先天素质和投资成败命运的重要环节。

（2）两者的目的都是要提高投资项目决策前的技术经济分析水平，共同为实现项目投资决策的科学化、民主化和规范化服务，减少投资风险和避免投资决策失误，促使项目投资效益的提高。

（3）这两项工作的基本原理、内容和方法是共通的，都是运用国家已规范化的评价方法和统一颁布的经济参数、技术标准和定额资料，采用同一衡量尺度和判别基准。通过产品的市场调查预测、建设条件和技术方案的技术经济分析论证，以及项目未来经济与社会效益的科学预测，判断项目投资的可行性和合理性，形成决策性建议。

（4）两者的基础理论基本相同。可行性研究和项目评估都是应用性的科学，要掌握其理论和方法体系，需要许多基础理论。从可行性研究和项目评估所包含的内容来看，它们的基础理论都是市场学、工程经济学和费用-效益分析等。

2）项目评估与可行性研究的区别

（1）概念与作用不同。

可行性研究是在投资决策前对工程建设项目从技术、经济和社会各方面进行全面的技术经济分析论证的科学方法，其研究结果的可行性研究报告是项目投资决策的基础，为项目投资决策提供可靠的科学依据。

项目评估是对项目可行性研究报告进行全面的审核和再评价工作，审查与判断项目可行性研究的可靠性、真实性和客观性，对拟建项目投资是否可行和确定最佳投资方案提出评估意见，编写评估报告，作为项目投资最终审批决策的主要依据。它为决策部门和人员提供结论性意见，具有一定的权威性和法律性作用。

（2）执行单位不同。

可行性研究在我国是由投资主体（项目业主）及其主管部门来主持，并委托给有资格的工程咨询公司或设计单位等中介机构去执行，而委托的单位或机构的工作主要体现投资者的意见和建设目的，是为决策部门和投资主体服务的，并对项目业主负责。

项目评估是由政府决策机构（如国家主管投资综合计划部门）和贷款决策机构（如银行）组织实施或授权给专门咨询机构（如中国国际工程咨询公司）或有关专家，代表国家和地方政府对上报的可行性研究报告进行评估。委托机构和人员在执行过程中应体现国家和地区发展规划目标与政策，明确宏观调控意见，向投资和贷款的决策机构负责。

（3）研究的角度和侧重点不同。

可行性研究主要是从企业角度，侧重于产品市场预测，对建设必要性、建设条件、技术可行性和财务效益合理性进行研究分析，估量项目的盈利能力来决定其取舍，因此着重项目投资的微观效益。项目评估如果由国家投资决策部门和国家开发银行主持（管理政策性投资项目），由于它们担负着国家宏观调控的职能，因此，必然站在国家立场，依据国家、部门、地区和行业等各方面的规划和政策对项目可行性研究报告中的结论评价质量（如数据正确性、计算理论依据和结论的客观公正性）进行评估，综合考察项目的社会经济整体效益，侧重于项目投资的宏观效益。与此同时，由商业性的专业投资银行所作的项目评估，由于受贷款风险机制约束，考虑到项目投资贷款的安全性，以提高贷款资金的利用效率，对项目投资评估要求，在符合国家宏观经济发展的前提下，必然讲求属于项目投资效益中的银行收益，重视借款企业的财务效益和偿还借款的能力。

（4）报告撰写内容和成果形式不同。

可行性研究报告主要包括总论、产品市场预测、建设规模分析、建设条件和技术方案论证、项目经济效益分析评价和结论与建议等11个方面的内容。报告中还应附有研究工作依据、市场调查报告、厂址选择报告、资源勘探报告、环境影响报告和贷款意向书等技术性和政策性文件。

项目评估报告主要从项目建设必要性、建设与生产条件、技术方案、经济效益和项目总评估5个方面的评估，对可行性研究报告的全部情况的真实性进行全面审核，此外，还要分析各种参数、基础数据、定额费率和效果指标的测算和选择是否正确，并且在报告中必须附有关于企业资信、产品销售、物资供应、建设条件、技术方案专利与生产协作和资金来源等一系列的证明和协议文件，以判断和证实项目可行性研究的可靠性、真实性和客观性，有利于决策机构对项目投资作出审批决策。

（5）在项目管理工作中所处阶段和地位不同。

可行性研究工作处于投资前期的项目准备工作阶段，是根据国民经济长期规划、地区与行业规划的要求，对拟建项目进行投资方案规划、工程技术论证、社会与经济效益预测和组织机构分析，经过多方案的计算、分析、论证和评价，为项目决策提供可靠的科学依据和建议。这项工作属于项目规划和预测工作，是项目决策中不可忽略的重要步骤，是投资决策的首要环节，给项目决策提供了必要的基础。

项目评估处在前期工作的项目审批决策阶段，是对项目可行性研究报告提出评审意见，最终确定项目投资是否可行，并抉择最佳投资可行方案。项目评估是投资决策的必备条件，为决策者提供直接的、最终的决策依据，具有可行性研究工作所不能取代的更高的权威性。

3）项目评估与可行性研究的联系

可行性研究与项目评估是投资决策过程中两大基本步骤，它们之间相辅相成，一先一后，彼此映照，缺一不可。具体联系体现在：

（1）可行性研究是项目评估的对象和基础，项目评估应在可行性研究的基础上进行。

（2）项目评估是使可行性研究的结果得以实现的前提。就是说，可行性研究的内容和成果必须通过项目评估的抉择性建议来实现。因此，项目评估的客观评审结论是实现可行性研究所作的投资规划的前提。

（3）项目评估是可行性研究的延伸和再评价。由于项目评估是对可行性研究报告的各方面情况作进一步的论证和审核，因此，它是可行性研究工作的自然延伸和再研究。

1.5 公路工程项目评估的特点

1.5.1 公路工程项目的特点

公路工程项目属于交通运输项目的一部分，交通运输建设项目包括运输线路（铁路、公路、航道和管道）、站场和枢纽（站、港口、机场、船闸和升船机）的建设项目。交通运输业是国民经济的一个重要基础产业，它的发展规模、速度和水平取决于国民经济其他各行业的发展，但反过来又会影响其他行业的发展。交通运输与工业的不同之处在于：其产品不似工业生产那样是具体的实物产品，而是货物或旅客空间位置的移动，是生产过程在流通领域内的继续；其投资效果具有公用性特征，总是与其他工程项目效果相互作用而产生，主要表现为外部效果。交通运输项目的经济效益大部分可以在经济评价中定量地计算出来，但是有些效益是不容易用经济指标来反映的，更不容易精确地测定其数量变化。尽管如此，对这些因素仍必须予以考虑。

在正常情况下，交通运输建设项目可能会给社会经济的发展和人民生活水平的提高带来好处，即正效益，但也可能带来坏处，即负效益，如环境污染。这是不同于投资的代价或费用，而且往往是不可避免的，重要的是要使正效益超过负效益，使好处多于坏处。有时交通运输建设项目带来的与最初投资追求的目标并无关系，把这种效益看作是在运输系统之外的副产物，即外部效益，如内河航运项目除了满足运输需求外，还可能提供能源生产或水源供应。

另外，有些交通运输项目产生的效果不能用货币来衡量，如噪声和空气污染的影响、保护自然景观对社会的价值等。对这类效果，有的正在寻求货币衡量方法，有的尚难以找出定量分析方法，由此，只能对其进行定性分析。

公路工程项目与其他交通运输项目有所不同，其特点见表1-3。

公路建设项目的特点 表1-3

特点	解　　释
使用的开放性	公路建设项目由交通部门负责规划，并负责筹措资金、勘测、设计、施工和管理。公路项目建设以后却并不是独家所有，而是要向全社会开放，满足全社会各行业生产和生活方面的交通需求。据资料表明，交通部门公路运输专业部门的车辆仅占全部车辆的10%左右，而非交通部门的社会车辆却占全部车辆的90%以上
管理的分权性	公路建设管理与公路运输管理虽然同属交通部门，却又是分开管理的。工业建设项目以及交通运输项目中的港口、站场、机场一旦建成就可以形成独立的企业，其形成的固定资产可以与企业其他生产要素结合在一起，由企业统一调配和管理，而公路建设项目则不然。公路设施由公路管理部门负责维护管理，客、货运输管理则由运管部门负责，而运输车辆及运输安全由公安交警负责管理，不能形成统一的管理体，权力分散。当然，这一特点随着我国公路建设投资政策及管理体制的改革，正在不断地统一起来
效益的外部性	由于公路建设项目作用的公开性，以及管理权限的分散性，公路建设项目的效益并不体现为给公路建设部门带来多少以货币计算的利益，而主要是用项目实施后给国民经济和社会带来的费用节约来衡量，用它对整个社会或地区的发展所做的贡献来衡量。因此，公路管理、建设部门并不是公路建设项目的受益者，受益者是全社会的各企业、单位和个人

1.5.2　公路工程项目可行性研究的程序及内容

1）公路工程项目可行性研究的程序

对一个拟建公路工程项目进行可行性研究，必须在国家有关的规划、政策、法规的指导下完成，同时还需要相应的各种技术资料。

不同阶段的可行性研究，其工作深度不同。预可行性研究要求重点阐明建设项目的必要性，通过踏勘和调查研究，提出建设项目的规模、技术标准，进行简单的经济效益分析，审批后作为编制项目建议书的依据。工程可行性研究则通过必要的测量、地质勘探，在认真调查研究、占有必要资料的基础上，对不同建议方案从经济上、技术上进行总和论证，提出推荐建设方案，审批后作为编制设计计划书的依据。公路工程项目可行性研究程序如图1-1所示。

25

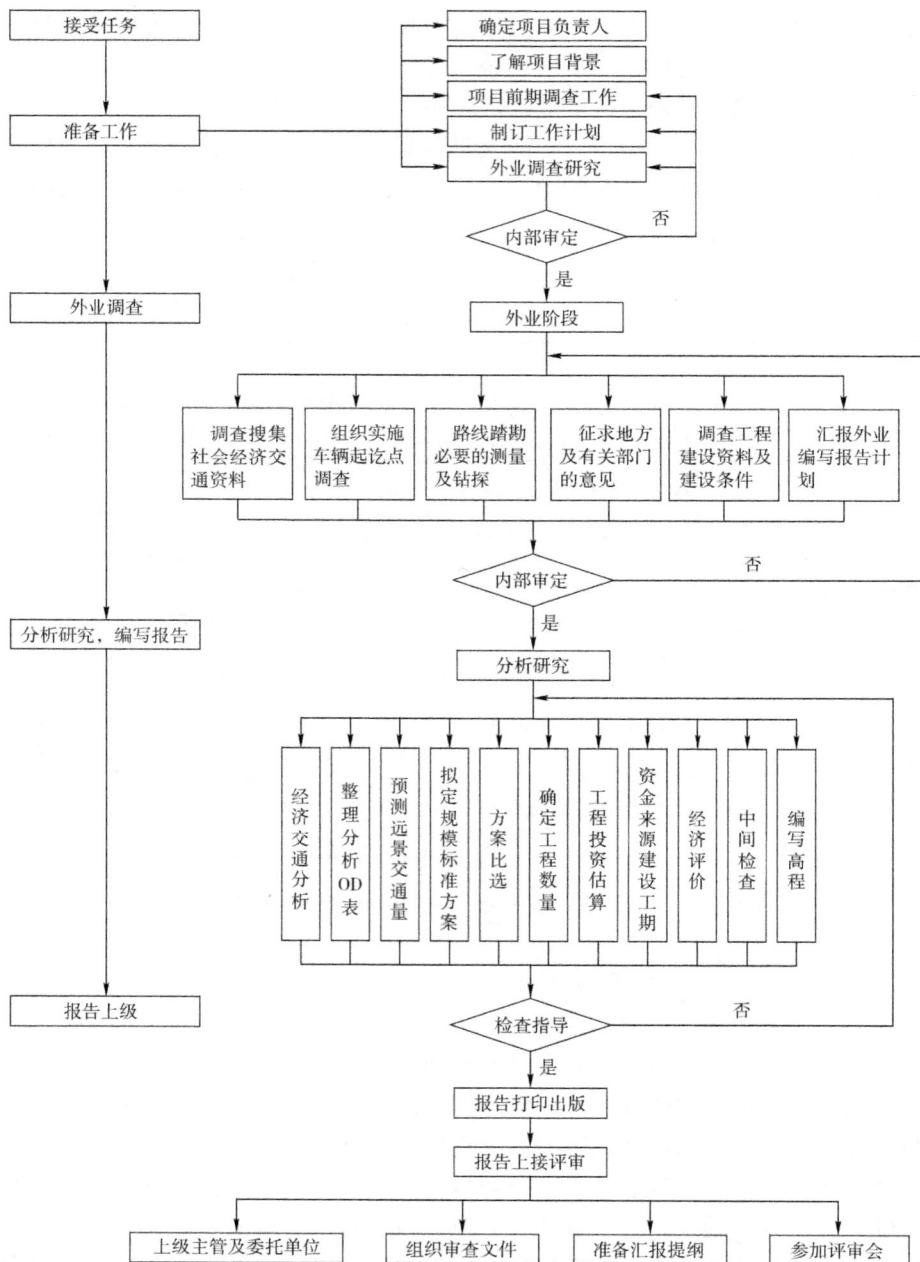

图1-1 公路工程项目可行性研究程序

2）公路工程项目可行性研究的内容

（1）现有公路的概况及存在的问题。

① 地区综合运输网交通运输现状、公路网交通运输的概况、该项目在综合运输网中的地位；

② 原有公路技术状况及适应程度的分析。

（2）运输量和交通量的发展预测。

① 历年地区国民经济部门结构与布局的发展趋势和地区交通运输结构及发展趋势；

② 地区经济结构和经济指标与公路客货运输量、交通量增长的关系，其他因素和公路运输量、交通量的关系；

③ 交通量、汽车行驶起讫点、汽车运输指标（包括平均吨位、实载率、车速、油耗、运输成本）等；

④ 确定路段基年交通量及交通量、运输量的增长率，预测路段运输量、交通量及互通式立交交通量。

（3）公路建设规模与技术标准。

① 建设规模论证；

② 推荐方案的路线长度（含新建、改建里程）、技术等级及附属配套工程；

③ 主要技术指标。

（4）建设条件与方案选择。

① 地理位置和地形、地质、气候、水文等条件对其工程方案、施工条件、工程造价的影响程度；

② 筑路材料来源及运输条件，如筑路材料质量、数量、平均运距、运输方式等；

③ 社会环境分析，如沿线村镇居民、建筑构造物、农林布局对公路选线的制约程度和征用难度，以及新建路线附近公路、铁路、水路、航空交通的衔接状况；

④ 比较方案选择，如各比较方案和主要技术经济指标、背景及有关单位意见，各方案技术经济评价，推荐方案的评价；

⑤ 推荐方案的路线走向和主要控制点；

⑥ 评价建设项目对环境的影响。

（5）投资估算与资金筹措。

① 主要工程数量；

② 建设用地和拆迁量；

③ 投资估算；

④ 资金筹措意见。

（6）实施方案。

① 分析工程的施工条件和特点，研究制约整个工程工期、质量、造价的关键环节，提出合理的施工方案；

② 合理安排施工计划；

③ 公路工程管理和技术人员的培训。

（7）经济评价。

① 国民经济评价；

② 财务评价。

1.5.3 公路工程项目可行性研究的特点

公路工程项目的自身特点决定了其可行性研究的特点。

（1）公路项目可行性研究要立足于全社会的公路交通状况，包括公路运输量、公路交通量和车、货流起讫点情况。为此，必须分析研究引发运输量、交通量的地域社会经济的发展现状、资源特征和产业结构，预测其未来的发展速度、发展水平，还要调查分析研究其他运输方式（铁路、水运、管道、航空）的运输能力及其对运输量的分流状况，在此基础上须特别摸清与研究对象平行的整个运输走廊的公路运输量和交通量，以及公路网络情况。

（2）由于公路项目一般不形成独立企业，项目本身没有直接赢利问题，因而对公路建设项目的国民经济评价重于财务评价。目前，只对贷款修建并以收费偿还贷款的公路建设项目进行财务分析和评价，这时需要研究收费方式和收费标准，然后计算过路（桥）费收入，动态计算贷款偿还年限。如果收费公路管理机构为经营性的经济实体，财务分析则不仅需计算贷款偿还年限，还要计算偿还年限后的收费所得。无论哪一种情况都要考虑收费对交通量分配的影响。

（3）在考虑公路建设项目投资效益时，必须把着眼点放在满足社会经济发展的需要上。公路建设项目投资产生的效益大部分不是在运输业内部，而是在它的外部，主要反映在用户身上，反映在它对社会经济的影响上。其效益的计算不是像工业项目一样，可以通过项目实施后的产品销售收入计算，而主要是用项目实施后给国民经济和社会带来的费用节约来计算。

（4）在费用的计算上，由于公路工程项目不直接生产物质产品，使用时不需要材料，故不发生原材料费。但是公路工程项目投入营运时需投入价值昂贵的汽车（并不在项目建设费用支出中），在营运过程中需要消耗大量的燃料（也不计入项目建设成本），而且在基础设施方面需要投入大量稀缺资源，如土地、钢材、水泥等。因此，在进行公路工程项目可行性研究和经济评价时，必须特别注意方案比选，在满足相同目标的各种替代方案中，找出投入最少或代价最小的方案，尽可能减少建设期和营运期的资源消耗。

1.5.4　公路工程项目评估的原则、依据及特点

1）公路工程项目评估的原则

（1）突出产业政策原则。

公路工程项目是国家扶持项目，在贷款、税收等方面有很多的优惠政策。评估过程中应在体现产业政策、优化资源配置的指导下，体现公路行业的特殊性，根据国家产业政策的要求确定贷款投向和注重社会经济效益与企业（项目）经济效益相协调。

（2）国民经济评估和社会经济评估为主，财务评估为辅的原则。

建设项目在客观上都存在许多方案，为了以最少的投入获得较高的产出，在评估中必须坚持讲求经济效益的原则。但是由于公路工程本身的特点，在追求财务效益的同时更应注重国民经济效益、社会效益的评估。

（3）指标统一原则。

公路工程项目评估中使用的国家参数和效益指标必须统一。在评估工作中，必须以有关权威机关制定的统一评价参数为标准。

（4）价格合理原则。

价格合理原则是项目评估中价格的依据问题，完全理想的价格在实际生活中是不存在的，所以基本符合价值并能反映供求关系的价格就是合理的。

（5）客观公正原则。

公路工程项目评估研究的是基本建设投资中的有关经济现象，与上下左右发生着密切的联系。在这种情况下，项目评估人员的工作态度和思想素质，直接影响评估报告的科学性。为了使评估报告成为决策的可靠依据，要求评估人员尊重客观事实，不受外部干扰，也不屈服于外部压力，能站在公正的立场上，对项目进行认真科学的研究论证。

2）公路工程项目评估的依据

（1）项目建议书评估的依据。

① 项目建议书。

② 同时报送的有关文件与资料：

a. 报送单位请求审批项目建议书的报告文件；

b. 主管部门的初步意见；

c. 主要原材料、燃料、动力等的供应和有关基础配套设施的意向性协议文件；

d. 资金来源及其筹措的意向性协议文件；

e. 土地管理部门同意征地、环保部门同意建设的意向性协议文件；

f. 外汇管理部门同意使用外汇的意向性文件。

（2）可行性研究评估的依据。

① 项目建议书及其批准文件；

② 可行性研究报告；

③ 报送单位的申请报告及主管部门的初审意见；

④ 项目（公司）章程、合同及批复文件；

⑤ 有关资源、原材料、燃料、水、电、交通、通信、资金（含外汇）及征地等项目建设与生产条件落实的有关批件或协议文件；

⑥ 项目资本金落实文件及各投资者出具的本年度资本金安排承诺函；

⑦ 项目长期负债和短期借款等落实或审批文件，以及借款人出具的用综合效益表示的项目贷款的函；

⑧ 必需的其他文件和资料。

对于项目贷款机构来说，还需要补充下列作为评估依据的文件资料：

① 借款人近三年的损益表、资产负债表和财务状况变动表；

② 项目各投资者近三年的损益表、资产负债表和财务状况变动表；

③ 保证人近三年的损益表、资产负债表和财务状况变动表；

④ 银行评审需要的其他文件。

3）公路工程项目评估的特点

由于公路工程本身以及公路工程可行性研究的特点，公路工程项目评估也有不同于其他行业之处，主要体现在以下4个方面：

（1）评估目标的宏观性并兼顾财务效益。

由于公路工程项目的发展规模、发展速度和发展水平都受到国民经济和社会发展的制约，因此，公路工程项目评估必须以宏观的国民经济和社会评估为主，以此作为项目取舍的主要依据。收费公路的项目评估应在国民经济评估的基础上进行企业财务评估，计算项目的财务能力和清偿能力。

（2）评估方法的多样性。

公路工程项目的经济和社会评估主要采用有无对比法、费用效益分析法、成本效用分析法和多目标综合分析评估法、层次分析和模糊综合评估法。"有无对比法"中的"有项目"是指拟建的项目在实施后将要发生的情况；"无项目"是指不实施该拟建项目而按现有情况在计算期内将要发生的情况。

（3）评估主体的突出性。

由于公路工程项目投资非常巨大，除了自筹资金以外，大量资金通过贷款获得。而对申请银行贷款的项目，通常在建设项目可行性研究、初步设计的基础上，在贷款文件正式批发之前，贷款银行对项目单位的资信情况、项目建设的必要性、技术的合理性、财务效益和国民经济效益进行分析评价。但是，其他设计、咨询机构对贷款项目的评估不能代替贷款银行的评估，这是由银行自主经营的性质所决定的。

（4）预测分析与统计分析结合，以预测分析为主。

在项目评估过程中，许多结果是可以通过对基础数据进行调查、统计分析得出的，但也有许多不可估计因素需要通过预测得出结论。例如，公路工程项目评估的远景交通量，如果只通过初步的交通量的调查是得不到将来值的，必须通过科学的预测方法才能掌握未来的交通量变化趋势。因此，进行项目评估，既要以现有状况水平为基础，又要进行有根据的预测。

📖 本章要点

本章介绍的主要内容将贯穿和应用于整个课程中。

本章讨论了项目评估的基本内容和发展历程、投资及项目的概念和特点、项目评估对于项目决策的支持作用、项目评估的原则和项目评估的主要内容、项目评估与可行性研究之间的关系以及公路工程项目评估及可行性研究的特点。

项目评估和可行性研究之间有联系也有区别。项目评估是投资决策部门或贷款机构（主要是银行、非银行性金融机构）对上报的建设项目可行性研究报告进行再分析、再评价，即对拟建项目的必要性、可行性、合理性及效益、费用进行的审核和评价。项目评估遵循的原则客观公正原则、系统性原则、综合评价和比较择优的原则、定性分析和定量分析相结合的原则、指标统一性的原则以及方法的科学性原则。可行性研究是项目评估的对象和基础，项目评估是使可行性研究的结果得以实现的前提，项目评估是可行性研究的延伸和再评价。但两者研究发起主体不同、研究次序不同、研究的作用不同和研究的侧重点不同。

本章习题

1. 项目和项目评估之间的关系是什么？

2. 项目评估的发展历程经过了哪几个阶段？说明了什么？

3. 项目评估的内容是什么？项目评估要经过哪些程序？项目评估需要遵循哪些原则？

4. 项目评估与可行性研究之间的区别与联系是什么？

5. 公路工程项目评估的内容、特点和原则分别是什么？

第2章　工程项目调查、分析及预测

💡 学习目标 ‖

1. 掌握项目影响区的概念。
2. 掌握社会经济调查、分析的内容及方法。
3. 掌握交通量调查和分析方法。
4. 掌握预测的基本方法。
5. 重点掌握交通量预测方法。

学习准备 ‖

本章内容是工程项目评估的基础工作，要求在学习本章内容前了解反映社会经济现状的主要指标以及评价内容。

2.1　社会经济调查

2.1.1　社会经济调查的含义及特点

1）含义

社会经济调查是根据特定目标，按照科学方法和规范程序对有关社会经济活动的信息进行系统搜集整理的活动，是调查在社会经济领域中的应用。其概念重点包含以下4个方面：

（1）社会经济调查的对象是社会经济现象，包括各种社会现象和经济现象。

（2）社会经济调查是一种有目的的活动。

（3）社会经济调查必须利用科学的方式和方法。

（4）社会经济调查的工作程序是用科学的方法搜集、整理有关社会经济信息资料。

2）特点

社会经济调查与其他非社会经济领域的调查相比，有如下特点：

（1）广泛性。由于社会经济活动与人类的活动密不可分，凡是涉及人类的活动如生产、流通、消费、分配等众多领域均属于社会经济活动，因此，社会经济调查极为广泛。

（2）不确定性。社会经济调查往往与人打交道，而人的意识受政治、经济等多种因素影响，在调查过程中对于敏感性问题的回答往往会有所保留，导致调查结果出现不确定性。

（3）复杂性。社会经济调查的复杂性体现在对社会经济现象的概念化与操作化上。

2.1.2 社会经济调查的方法

调查的方法很多，按调查资料的来源不同划分，可以分为原始资料调查和二手资料调查。按调查的组织形式划分，可以分为统计报表和专门调查。按调查所包括的调查单位是否完全划分，可分为全面调查和非全面调查，其中非全面调查以调查对象产生的方法不同又可分为重点调查、典型调查和抽样调查。按调查时间的连续性划分，可以分为经常调查和一次性调查。在实际工作中，一般可以根据调查对象、调查内容和调查目的选用适当方法或方法组合进行调查。

1）观察调查法

观察调查法是指调查人员到调查现场，直接或借助观察仪器观察、记录被调查者的行为和表情，从而获得有关市场信息的一种调查方法。这种方法的特点是不直接向被调查者发问，在其没有觉察的情况下，从旁观察。其优点是被调查者的意见不受外在因素的影响，收集的信息来自客观实际，准确性较高；缺点是观察的只是一些现象，了解不到被调查者内在因素的变化，调查人员根据观察的现象作出的判断，往往又要受调查人员主观因素的影响，而且调查活动处于被动状态，要耗费大量时间和精力，调查效率较低。观察调查法是最原始的调查方法，随着科技发展，其所用的工具和具体方法也在不断更新，所以至今仍不失为一种重要的调查方法。

2）询问调查法

询问调查法是指调查人员通过走访、电话、邮寄和留置问卷等方式，向调查者发问或征求意见来搜集所需市场信息的一种调查方法。这种方法的优点是调查人员与被调查者之间可以直接沟通，信息直接来自被调查者，消除了调查人员主观因素的影响；缺点是当被调查者不愿配合时，调查效果较差。询问调查法是最常用、最基本的一种调查方法，它依据传递询问内容的方式以及调查者与被调查者接触的方式不同，可分为走访调查法、邮寄调查法、电话调查法和留置问卷调查法。

（1）走访调查法也称个人访问法或面谈访问法，是调查者直接面对被调查者了解情况、获得资料的方法。它是一种最常用的询问调查法。询问的具体方式主要有两种：一是采用自由谈话方式；二是采用直接的结构性访谈方式，即调查人员按事先拟好的调查项目逐一向被调查者提问，请调查者逐一回答。

（2）邮寄调查法是指将设计好的调查表通过邮局寄给被调查者，请其按要求填答后在规定日期寄还的一种调查方法。

（3）电话调查法是指通过电话向被调查者询问调查内容的一种调查方法。这一方法随着现代通信技术的不断发展而日益普遍。

（4）留置问卷调查法是指调查人员将调查表当面交给被调查者，并对有关问题作适当解释说明，然后留给被调查者事后自行填写回答，与被调查人员约定日期回收，也可以由被调查者寄回。这种调查方法介于走访调查法和邮寄调查法之间。

4种询问调查法各具优缺点，现从回收率、灵活性、准确性、速度、费用、调查范围和复杂程度7个方面进行比较，见表2-1。

4种询问调查法的比较　　　　　　　　　　　　　　　表2-1

项　　目	走访调查法	邮寄调查法	电话调查法	留置问卷调查法
回收率	高	低	较高	较高
灵活性	强	差	较强	较强
准确性	高	较高	高	高
速度	较慢	较快	快	慢
费用	高	低	较低	高
调查范围	窄	广	较广	窄
复杂程度	复杂	简单	较简单	复杂

3）实验调查法

实验调查法是指通过实际的、小规模的营销活动来调查关于某一产品或某项营销措施执行效果等市场信息的一种调查方法。实验内容包括产品的质量、品种、商标、外观、价格、促销方式和销售渠道等。常做的实验是新产品试销或展销，借此检验用户对新产品的态度和意见。这种方法的优点是方法客观，真实感强，准确性高；缺点是组织耗时多，困难大，费用高。

4）抽样调查法

抽样调查按照总体中每一个样本单位被抽取的概率是否相等的区别，可以分为随机抽样调查法和非随机抽样调查法。

（1）随机抽样法。

随机抽样法又称概率抽样法，是指对调查对象的任何一部分，不作任何有目的的选择，用随机的方法抽取个体，进而推算总体特征的一种方法。每一个体都有同等机会被抽中，可以排除人为的影响，因而使样本能较好地代表总体，可以从样本中得出的结论来推断总体特征。随机抽样方法会产生抽样误差，但抽样平均误差可以计算出来，并可在调查前将它控制在一定范围之内。

随机抽样法又有以下4种：

① 简单随机抽样又称纯随机抽样，是对总体中的个体不进行任何组合，仅按照随机原则直接从总体 N 个体中抽取几个作为样本，以保证每一个体在抽选时都有相等的机会的方法。简单随机抽样法通常借助随机数表、抽签等来完成。这种方法存在一些不足，如不能利用总体的一些已知的信息、个体分散时不易操作等。

② 类型随机抽样又称分层抽样，是根据总体单位具有的某种标志将所有个体分成若干类型，再从各类型中随机抽取必要数目样本单位的方法。类型随机抽样把总体中标志值比较接近的个体归为一组，使各类内的分布比较均匀，而且保证各组都有选中的机会，因此具有较好的抽样效果。对于产品的调查，可按不同的型号、不同的地区分组进行；对于竞争对手的调查，可按规模、促销手段、销售方式等标志分类进行。在总体情况复杂、个体之间差异较大以及样本单位数量较多的调查对象中适合采用类型随机抽样法。

③ 系统随机抽样，是指事先将总体中个体按某一标志排列，然后按照固定顺序和间隔来抽选调查个体的方法。个体的顺序排列可以是无关标志，也可以是有关标志。系统随机抽样实际上是一种特殊的类型随机抽样。如果把总体划分为若干相等部分，每一部分只抽一个样本单位，在这种情况下，类型随机抽样就变成了系统随机抽样。

④ 整群随机抽样，是指将总体中的个体按照一定的属性或条件分成若干群，

然后以群为单位从中随机地抽取一些群，并对所选群中的个体进行全面调查，从而推断总体情况的方法。只要缩小群与群之间的差距，扩大群内个体的差异，就能使"群"具有很强的代表性，从而使结果更能接近实际。

（2）非随机抽样法。

非随机抽样法是指不按照随机原则，而按照调查者主观设定的某个标准抽选样本单位的调查方法。此方法对样本单位的抽选是经过调查人思考后有意识进行的。一般来说，非随机抽样可有以下3种方式：

① 偶遇抽样又称方便抽样，是根据调查者的方便与否，以尽可能使调查对象对总体具有代表性为原则的一种抽样方法。这种方法常用于非正式的探索性调查。通常在总体各单位标志差异不大时，采用此法可获得具有较强代表性的调查结果。

② 判断抽样又称立意抽样，是按照调查者的主观判断选取调查单位组成样本的一种方法。采用此方法的前提为调查者必须对总体的有关特性有相当的了解，判断样本单位代表性大小完全凭调查者的经验、知识等。在精确度要求不很高的情况下，通常可采用此种方法。

③ 配额抽样又称定额抽样，是一种与类型抽样相对应的非随机抽样。它是指调查者首先将总体中的所有单位按其一定属性或特征分成若干组，然后采用偶遇或立意抽样的方式抽选样本单位的一种方法。

非随机抽样方式灵活，能适应多变的市场环境。因此，小规模的经常性的市场调查更多地采用非随机抽样。非随机抽样的缺点是不能判断误差，对所调查结果的把握程度难以精确估计。

2.1.3 社会经济调查的范围

由于项目的实施使有关的地区或区域的社会经济能按计划发展或更快地发展，故把这些区域或地区称为项目影响区。这里所谓的按计划发展指的是项目建设本身是适应和服务这一区域社会经济发展要求的。所谓更快的发展，指的是项目建成后，该区域的交通条件得到改善，地区的空间距离相对缩短，物资和人员往来更加便利和经济，从而对该区域的社会经济加速增长起到促进作用。

为了集中力量研究项目影响区内社会经济的主要问题，要正确确定调查范围的大小，习惯上将调查范围划分为直接影响区和间接影响区。社会经济分析研究的重点是在直接影响区。

直接影响区和间接影响区划分的标准主要是看能否揭示影响区内各地区间的

社会经济往来关系，能否有效地反映这一区域的物流和车流特征。直接影响区确定得过大，会增加可行性研究和项目评估的工作量，造成人力、物力、财力和时间的浪费；直接影响区定得太小，又不能达到预期的目的和要求，不能满足统计上的充分有效性。直接和间接影响区的划分目前还没有一个统一的标准，但是，直接影响区一般具有如下4个方面的特点：首先，项目的实施会使这些地区或区域的社会经济显著受益；其次，项目实施后，交通量的发生源或集中点大部分在这些地区或区域；再次，项目实施后，这些地区或区域内其他道路或其他运输方式显著分流，交通条件大为改善；最后，从地理位置看，直接影响区一般距项目很近或该项目就通过这些地区或区域。通常划分公路直接影响区的行政单位定为项目经过的市、县等，必要时划分到区或乡；而把直接影响区范围之外，凡公路工程建设项目上行驶的车辆所波及的范围，作为间接影响区。直接影响区调查分析得细，间接影响区调查分析得粗。

为了分析研究项目影响区的社会经济情况、车流及客货流的集中发生情况和起讫点情况，进而分析客货流可能的上路点以及进行流量分配，项目直接和间接影响区还须划分为若干小区。小区是社会经济调查与分析、交通调查与分析等工作的最小地域单元，即进行分析研究的最小行政区域。如果从交通起讫点方面理解，小区也可以叫OD区。

2.1.4　社会经济调查的内容

社会经济调查的内容涉及面很广，诸如产品调查、市场调查、销售调查和服务调查等，但这里指出的仅仅是与公路建设未来状况有关的一些项目，通过对能够影响到公路建设的某些因素的调查来掌握一些有益于公路建设决策的方面。与公路建设有关的因素有很多，这里仅介绍主要的方面，即自然资源、人口及劳动者和经济。

1）自然资源

自然资源是在一定时间、一定地点条件下，存在于自然界可为人类利用的资源。自然资源是人类生存和发展的基础，是实现社会再生产的必要物质条件，自然资源的开发和利用直接影响着国民经济和社会事业的发展。

资源的储量与分布从根本上影响和决定了社会经济的结构、布局以及规模，进而影响并决定社会经济的基础设施交通网的布局。资源对国民经济的发展举足轻重，有人就曾研究过能源与国民经济的关系，并具体测算出能源消耗量与国民经济增长之间的比例，说明国民经济的发展对能源消费量的增长有着直接的依赖性。实际上，所有资源都是如此。因此，资源就是交通运输的运量或潜运量。在公路建设项目可行性研究、项目评估中，资源调查及分析是不可缺少的。

对自然资源的调查可以根据公路工程项目的功能作用不同而有所侧重，但一般可包括土地资源、气候资源、水资源、生物资源、矿产资源和旅游资源。这些要素有机地结合在一起，影响着社会生产力的布局。资源调查应充分反映地方的特点，重点应放在影响地区专业方向和产业结构特点的自然资源上。与公路工程建设项目可行性研究、项目评估关系密切的资源主要是矿藏性资源和旅游资源。

矿藏性资源主要是指煤炭、石油、盐、铁和铜等矿产资源。由于这些资源对地区生产布局、生产结构、生产水平和生产发展前景有很大影响，从而影响到交通网规划与交通布局等很多方面，例如鞍山、本溪、十堰和攀枝花等城市都是由资源状况决定了地区及整个城市布局等，从而影响并决定了围绕着资源状况应协调的外部协作，这其中就包括交通等方面，因此，可行性研究必须调查这些资源的基本情况。其主要内容有：资源的储量，其中有开发价值的储量；资源的质量，如品位、纯度等；资源的地域分布及特点，如矿区面积、资源的埋藏深度等；资源的开发条件，如技术条件、资金条件以及单位资源量的生产成本等；资源开发的外部协作，如交通配合、电力配合等；业已开发的规模及开发计划和前景；资源的服务区域等。

旅游资源是另一类与公路建设项目有密切相关的资源。旅游情况往往构成地区的特色，旅游经济甚至是某些地区经济的一个重要组成部分，同时旅游也是交通客流的重要发生集中源点。目前，很多省、市都根据各自地区的旅游特点，已建成或正在规划很多旅游公路，例如安顺到黄果树的旅游公路等，这些公路结合当地的经济状况、地理条件以及旅客的舒适程度，公路等级都是比较高的。旅游资源调查的主要内容有：地区旅游风景、名胜文物古迹点处；旅游点等级和性质，如国家重点文物保护单位、省级文物保护单位、公园和重点旅游区等；旅游点（区）地理位置及与公路项目的地理位置关系；旅游开发情况，如旅游收入、年接待旅客人数，其中的国外旅客人数；旅游接待能力；旅游资源开发计划；旅游者交通工具选择情况等。

各项目资源调查应具体问题具体分析，调查的重点应根据实际情况，也可放在体现地方特点和优势的其他资源上。另外，地区生产条件（如农业生产条件、工业生产条件）以及自然条件也应一并调查。

2）人口及劳动者

人是生产力的决定因素，又是生产关系的体现者。人作为劳动者，能够开展生产，同时，每一个人又需要消费。人口是社会生产和生活的主体，是经济结构的重要因素，人口出行与交通有着直接的关系，因此，人口调查是社会经济调查的重要内容之一。

按照可行性研究的要求，需要进行人口调查、分析和预测，经济分析研究需要人口资料；交通分析研究，特别是客货周转量和交通量的预测要考虑人口的因素。在项目经济评价中，人口也是一个重要参数。调查的主要指标如下：

（1）总量指标。

① 总人口。是指在一定时点、一定地区范围内有生命的个人的总和。年度统计的年末人口数是指每年12月31日24时的常住人口数。市镇总人口和乡村总人口是按常住人口划分的。市镇总人口指市、镇辖区内的全部人口，乡村总人口指乡（不包括镇）的全部人口。

② 社会劳动者。是指从事一定社会劳动，并取得劳动报酬或经营收入的全部劳动者。它包括全民所有制和城镇集体所有制的职工、城镇个人劳动者以及农村集体和个体劳动者（不包括外出当临时工、合同工已统计在"职工"中的人数），不包括待业人员、待学人员和家务劳动者。

③ 劳动力资源总数。是指在劳动年龄内的人口总数中，有劳动能力的人口数以及不足或超过劳动年龄，但实际经常参加社会劳动并取得劳动报酬或经营收入的人口数。包括社会劳动者、城镇待业人员和其他在劳动年龄内有劳动能力的人口数，但不包括现役军人，在劳动年龄内的在押犯人和因病、残而丧失劳动能力的人口数。

人口的总量指标中还有农业人口与非农业人口、暂住人口与流动人口等，可结合项目的具体情况有选择地进行调查分析。

（2）相对指标。

① 人口密度。是指一定时点、一定地区的人口数与该地区的土地面积数之比，即一定时点的单位土地面积上拥有的人口数，是一个强度指标，通常以每平方公里的居民人数来表示。计算公式为：

$$人口密度 = \frac{该地区的人口数}{一定地区的土地面积} \qquad (2-1)$$

② 人口自然增长率。是指在一定时期内（通常为一年内）人口自然增加数（出生人数减去死亡人数）与平均人数（或期中人数）之比，一般以千分数表示。计算公式为：

$$人口自然增长率 = \frac{本年出生人口数 - 本年死亡人口数}{年平均人口数} \times 1000‰ \qquad (2-2)$$

③ 人口平均增长速度。是指在两年以上的时期内，平均每年人口的增长程度或速度，反映人口数随时间而变化的情况，通常采用几何平均数法来计算。计算公式为：

$$人口平均增长速度 = \sqrt[n]{\frac{报告年度人口数}{基年人口数}} - 1$$

$$= 人口平均发展速度 - 1 \qquad (2-3)$$

式中：n——不包括基年在内的计算年份数。

对人口与劳动力资源的分析，还可以包括人口与劳动力的地域分布对生产布局的影响，人口与劳动力的流动性程度对交通运输的影响、劳动力的结构特征与供应潜力、与各产业部门及其发展劳动力的需要量之间的比例关系，以及劳动力资源的利用效率等。

3）经济

交通运输是为经济发展服务的，经济发展是交通运输需求的根本源泉。运输业在国民经济中的地位与农业在社会和国民经济中的地位一样，是国民经济的主要基础之一，是社会生产力的因素之一。国民经济越向高水平发展，人和物的运送速度就越快，运输规模越大，运送距离越远。

（1）经济水平。

经济水平是经济发展的总体规模以及发展程度。目前我国反映经济水平的指标主要有国民生产总值、社会总产值、工业总产值、农业总产值和国民收入等。

国民生产总值是指国家或地区在一定时期内（通常为一年）所生产的最终产品和提供的劳务总量的货币表现。

社会总产值是国家或地区在一定时期内（通常为一年）物质生产总成果的货币表现，物质生产部门包括农业、工业、建筑业、运输业和商业（包括饮食业和物质供销业）5个部门。

农业总产值是以货币表现的农、林、牧、副、渔五业的全部产品及副产品的总量。工业总产值是以货币形式表现的工业企业生产的产品总量。工农业总产值是农业总产值和工业总产值之和。国民收入是从事物质资料生产的劳动者在一定时期内所创造的价值，也总是从社会总产值中扣除生产过程中消耗掉的生产资料价值后的净产值。

（2）经济结构。

经济结构是指社会经济各组成部分，国民经济各个部门和社会再生产各个方面的构成及其相互关系。这就包含了两层意思：一个是国民经济结构，主要是生产力结构；另一个是生产关系结构。此处所指的是第一层意思，即国民经济结构。反映经济结构最直观的办法是调查分析国民经济各部门、各产业的总产品或总劳务的价值量以及各自在总体中所占的比值。

国民经济各部门划分为五大类，即农业、工业、建筑业、运输业和商业。另一种划分是以产业为标志的，把国民经济划分为三大产业。第一产业指农业（包含林业、牧业和渔业等），第二产业指工业（包含采掘业，制造业，以及自来水、电力、蒸气、热水、煤气等）和建筑业，第三产业指第一、第二产业以外的其他各业。我国把第三产业分为4个层次。第一层次为交通运输业、邮电通信业、商业、饮食业、物质供销和仓储业，第二层次为金融业、保险业、地质普查业、房地产、公用事业、居民服务业、旅游业、咨询信息服务业和各类技术服务业，第三层次为教育、文化、广播电视事业、科学研究事业、卫生、体育和社会福利事业，第四层次为国家机关、党政机关、社会团体、军队和警察等。

（3）经济布局。

这里所说的布局主要是指生产布局，它是生产因素在地域空间上的分布与联系状态。经济布局从根本上左右了交通流的发生集中源点的分布。调查的主要内容是地区重要物质生产部门在空间上的分布以及重点区域的行业专门化程度。重要物质生产部门是指凭借地区优势形成特定的经济部门或产品生产。调查的内容还包括发展特定经济部门或产品生产的优越条件。专门化程度是反映各种物质生产部门专门化水平的一个概念，通常用区位商这个指标来反映。区位商是地区某个部门的职工人数占地区职工人数之比重与全国该部门的职工人数占全国职工人数之比重的比值。经济布局调查还可以结合经济水平和经济结构的总体指标和相对指标来进行，以便全面概括地了解地区经济布局。

（4）建设投资。

建设投资是社会扩大再生产，建立新兴国民经济部门，调整经济结构和经济布局，改善人民生产水平，实现国家现代化的保证。调查的主要指标有全社会固定资产投资、基本建设投资、更新改造措施投资、其他固定资产投资以及国外贷款与投资。同时还应调查投资方向构成和主要投资项目等。

全社会固定资产投资指以货币表现的全社会（全民所有制、集体所有制和个人）建造和购置固定资产活动的工作量。

基本建设投资指以货币表现的对固定资产进行更新改造（不包括大修理和维护工程）完成的工作量。

（5）外贸。

某个地区外贸品的种类和外贸品的数量，在某种程度上也决定了该地区对交通的需求情况，从而也可以影响到公路交通量的形成及道路的最后等级与规模。外贸调查的主要内容有出口总量、出口产品结构、主要贸易伙伴及贸易水平、进口总量、进口产品结构、主要贸易伙伴与贸易水平以及进出口总水平等。

（6）经济发展规划与政策。

制定经济发展规划、编制经济发展计划是国家和各级人民政府管理经济的一个重要方法和手段，它规定着一个国家或地区经济发展的目标、方向和进程。因而，掌握一个国家或地区的经济发展规划与计划对从事公路项目可行性研究和项目评估有着重要的意义。调查的基本内容有产业、经济发展构想与展望，经济发展目标及水平，经济增长速度，建设投资额，投资重点和重点项目等。

政策是经济规划与计划实施的措施保障，对整个经济活动起着指导、促进、影响、干预或阻止的作用。调查时应区分基本的政策、制度，特殊的政策，优惠的政策等。

2.2　社会经济分析

2.2.1　社会经济分析方法

1）对比分析法

对比分析就是用比较的方法，说明某一社会经济现象在同一时间内各地区或各单位发展的不平衡程度，或总体单位内部各组成部分的构成情况。在对比分析中，一般都要先计算各种相对指标。这些相对指标是社会经济现象和发展过程中两个相互联系的指标的比率，以一个抽象化的数字来表明这些现象和过程所固有的数量对比关系。常用的相对指标有以下4种。

（1）结构相对指标。

一般用相对数的形式表示，计算公式为：

$$结构相对数 = \frac{某部分或分组的数值}{总体全部数值} \times 100\% \tag{2-4}$$

（2）比较相对指标。

比较相对指标可以用百分数或倍数表示，计算公式可以概括为：

$$比较相对数 = \frac{甲地区（单位或企业）某一指标数值}{乙地区（单位或企业）同一指标数值}$$

$$或比较相对数 = \frac{总体中某一部分的数值}{总体中另一部分的数值} \qquad (2\text{-}5)$$

（3）强度相对指标。

计算公式可以概括为：

$$强度相对数 = \frac{某一总量指标数值}{另一有联系而性质不同的总量指标数值} \qquad (2\text{-}6)$$

（4）动态相对指标。

一般用百分数或倍数表示，也称为发展速度，计算公式为：

$$动态相对数 = \frac{某一现象报告期数值}{同一现象基期数值} \qquad (2\text{-}7)$$

由于采用的对比基期不同，发展速度指标分为定基发展速度和环比发展速度。

设用 a_0，a_1，a_2，$\cdots$，a_{n-1}，a_n 分别表示不同时期的发展水平，则：

环比发展速度有 $\dfrac{a_1}{a_0}$，$\dfrac{a_2}{a_1}$，$\cdots$，$\dfrac{a_n}{a_{n-1}}$；

定基发展速度有 $\dfrac{a_1}{a_0}$，$\dfrac{a_2}{a_0}$，$\cdots$，$\dfrac{a_n}{a_0}$。

定基发展速度与环比发展速度的关系是：定基发展速度等于环比发展速度的连乘积。反过来，两个相邻的定基发展速度的对比等于环比发展速度。

增长速度是反映社会经济现象增长速度的相对指标，由增长量与基期水平对比求得。计算公式如下：

$$增长速度 = \frac{a_1 - a_0}{a_0} = \frac{a_1}{a_0} - 1 \qquad (2\text{-}8)$$

从上式可以看出，增长速度等于发展速度减1，但说明的内容是不同的。发展速度说明报告期水平比基期水平发展到多少倍或百分之几，而增长速度却说明了增加了多少倍或百分之几。

平均发展速度是各个时期环比发展速度的平均值，说明社会经济现象在一个较长时间内的平均发展程度，一般用几何平均数公式来计算。计算公式如下：

$$\bar{x} = \sqrt[n]{x_1 \times x_2 \times x_3 \times \cdots \times x_n} = \sqrt[n]{\prod_{i=1}^{n} xi} = \sqrt[n]{\frac{a_n}{a_0}} \qquad (2\text{-}9)$$

式中：x_n——各期环比发展速度；

　　　$\bar{x}$——平均发展速度；

　　　n——环比发展速度的项数。

平均增长速度表示逐期递增的平均速度，与平均发展速度的关系为：

$$平均增长速度 = 平均发展速度 - 1 = \sqrt[n]{\frac{a_n}{a_0}} - 1 \qquad (2\text{-}10)$$

2）平均数分析法

平均指标是对现象总体各单位某一数量标志的平均，用来反映这种数量变化所达到的一般水平。它是一个综合指标，其特点是将总体各单位的数量差异抽象化，是一个抽象化了的代表值，即以一个具有代表性的数量标志值代表总体各单位标志值的一般水平，而不代表总体某一单位的具体数值，体现着社会经济现象发展变化的集中趋势。

平均指标是总体各单位的标志总量除以总体单位数。其基本算式如下：

$$平均指标 = \frac{标志总量}{总体单位数} \qquad (2\text{-}11)$$

计算平均指标主要有算术平均数、调和平均数、几何平均数、众数和中位数。

3）变异指标分析法

总体各单位标志值的差异在统计学上称为变异，反映总体各单位标志值的变动范围或变异程度的综合指标，称为标志变异指标或标志变动度。它和平均指标是一对相互联系的对应指标，平均指标表明总体各单位标志值的集中趋势，而变异指标反映总体各单位标志值的集中趋势。

测定标志变异程度的方法有全距法、平均差法和标准差法，而以标准差法最具普遍性。

（1）全距。

由于全距（R）是一个数列中两个极端数值之差，故有：

$$R=极大值 - 极小值 \qquad (2\text{-}12)$$

（2）平均差。

是指总体各单位标志值对其算术平均数的离差绝对数的算术平均数。它能综合反映总体各单位标志值的变动程度。

$$平均差 = \frac{\sum |x - \bar{x}|}{n} \text{（资料未分组）}$$

$$或平均差 = \frac{\sum |x - \bar{x}| f}{\sum f} \text{（资料分组）} \tag{2-13}$$

（3）标准差。

也叫均方差，计算公式为：

$$标准差 = \sqrt[n]{\frac{\sum (x - \bar{x})^2}{n}} \tag{2-14}$$

（4）标准差系数。

即标准差除以相应的算术平均数，反映标志值离差的相对水平，计算公式为：

$$标准差系数 = \frac{标准差}{\bar{x}} \tag{2-15}$$

4）数据修匀

收集到的数据有时变动不均匀，不容易看出它的变动趋势，这时就有必要对其进行加工分析，这种加工分析方法叫作修匀。

常用的修匀方法一般有3种：时距扩大法、移动平均法和方程修匀法。

（1）时距扩大法是把原来的数据所包括的各个时期加以合并，得出较长时距的资料，用以消除由于时距较短受偶然因素影响所引起的波动，从而揭示现象变动的趋势。用时距扩大法修匀，要求所扩大的各个时期的时距相等，以相互比较。

（2）移动平均法采用逐项移动的方法计算扩大时距的序时平均数，移动所采用的平均方法可以不同，例如简单平均、加权平均等。

（3）方程修匀法是采用能反映现象发展趋势的方程所计算的理论值对原资料进行修匀，例如直线修匀、曲线修匀和插值修匀等。

2.2.2 社会经济分析内容

1）市场分析

市场分析包括两大方面内容，即判断项目产品是否有市场和使用怎样的营销战略实现市场目标。判断项目产品是否有市场需要通过产品的市场需求量和供给量以及项目产品的竞争优势来综合分析。决定市场需求量和供给量的因素很多，需要分析人员判断哪些因素影响需求量，哪些因素影响供给量；能够证明项目产品竞争优势的因素也很多，需要从中选择真正反映项目产品竞争优势的因素，以说明项目产品在市场竞争中的地位。研究项目产品是否有市场，需要对市场环境、竞争者、拟采取的营销战略和制定的销售计划进行深入的研究。由此可见，市场分析包括的主要内容有以下 5 项：

（1）分析、判断影响产品需求量的因素；

（2）分析、判断影响产品供给量的因素；

（3）调查和预测项目产品在未来某一时期的需求量和供给量；

（4）分析研究项目产品的竞争能力；

（5）根据需求量和供给量以及项目产品的竞争优势来判断项目的市场前景。

2）资源条件分析

资源条件分析可以从以下 3 个方面入手。

（1）资源的总储量及其构成。某种资源能否成为一个地区的优势，很重要的一点是看其储量情况。有储量才有开发，才能确定可能的开发规模。储量的大小一般有 3 个量度：一是远景地质储量，二是探明储量，三是经济可采储量。笼统地讲，储量并不能反映可能的开发规模，只有经济可采储量才具有现实的可开发的意义，同时，储量情况不仅包括储量的大小，还包括质量的高低与分布地域构成等。

在了解基本储量的情况下，应该对比分析某种资源在其他资源中的潜在优势和显在优势；分析这种资源优势与其他地区范围的同种资源储量相比的优劣；分析某种资源与该地域的产业结构、技术结构的适应性，能否转化为产业优势，形成新的经济增长点。

（2）资源开发能力分析。区域内某种资源的储量优势不一定就是该区域的经济实力优势。资源开发条件的优劣成为储量转化为经济实力的关键。资源的开发条件可以分为内部条件和外部条件。内部开发条件主要是指开发资源的技术条件，如各种效率指标以及开发成本等。外部开发条件主要是指国民经济其他部门对开发资源的配合情况，如交通、电力和水利等的适应性条件。

另外，资源开发一般需要较大资金投入，没有足够的资金投入，资源开发只是一句空话。我国目前建设资金来源比较灵活，形式多样，有基本建设投资拨款、基本建设投资拨改贷资金、银行贷款、各种形式的社会集资以及国外投资和贷款等。因此，分析资源开发的资金来源与筹资规模，对分析和预测资源的开发潜力有重要帮助。

（3）资源需求平衡分析。资源是各行各业燃料、原材料的基本来源。各种资源在地域上分布的不平衡，使得经济发展中所需的燃料、原材料在供需上存在矛盾。为了合理地解决这些矛盾，需要分析该地区经济发展所需的燃料、原材料的数额、品种及规格，当地所能生产提供的数额、品种及规格，需要调进或调出的数额、品种和规格以及调进或调出的地域分布，运输距离，运输方式，某种资源的短缺给国民经济带来的损失等。

3）人口分析

人口分析大致可以从以下3个方面进行。

（1）人口总量及增长情况分析。它主要是以时间为基准，考察人口在不同时点上的增减变化量以及增减变化速度。在一个封闭的人口群中，人口的增减完全取决于自然因素，即出生和死亡两个因素。但是，就一个开放国家或地区而言，人口的变化不仅取决于自然因素，而且还取决于人口的机械变动，即人口的增加或减少受到人口迁入和迁出的影响。因而，人口变化是出生、死亡、迁入和迁出四大因素的作用结果。它们之间的关系表示如下：

$$人口增长数=人口自然增长数+人口净迁移数$$
$$=（出生数-死亡数）+（迁入数-迁出数） \quad (2\text{-}16)$$

（2）人口构成分析。包括人口总量中的城、乡构成，农业人口与非农业人口构成，流动人口与常住人口的构成以及人口与劳动力构成等。

（3）人口的区域分布情况分析。包括人口在区域空间上的分布特点，集中程度，居住习惯等。

4）经济分析

经济分析是社会经济分析的重点所在，是确定拟建公路项目的规模和标准的前提。经济分析的内容十分广泛，但对公路建设项目来说，主要包括以下5个方面：

（1）国民经济总体水平及增长速度分析。主要分析国内生产总值、社会总产值、工农业总产值、工业总产值、农业总产值的总量及增长变化情况。

（2）国民经济的构成情况分析。包括国民经济部门构成，产业构成，农、轻、重业的构成，基础产业与其他产业发展的协调情况等。

（3）主要工农业产品产量分析。主要工农业产品产量体现着一个国家和地区一定时期内生产的实物成果总量，体现着一个国家和地区的产业优点和工业、农业各自的内部构成。

（4）居民人均收入的水平及其变化分析。居民收入水平在一定程度上体现着经济效益的好坏和劳动力就业状况，而且反映着人民的生活水平和福利状况。居民收入分析为后面的项目效益计算提供依据。

（5）区域经济发展战略分析。着重分析经济发展的方向、战略目标、产业结构变革、产业布局及实现目标的途径。

2.2.3　交通调查与分析

交通调查、分析是进行交通现状评价、综合分析建设项目的必要性和可行性的基础。交通调查、分析及交通量预测水平的高低将直接影响到项目决策的科学性。

1）交通调查的范围

交通调查的地理范围与项目影响区的划分是相同的。交通调查与社会经济调查必须在小区域数目和各个区域地界划分方面保持一致，以便今后预测工作的进行。无论在项目直接影响区还是间接影响区，主要内容都需分小区调查，即有多少个小区就要有多少套相应的数据资料。

2）交通调查的内容

这里所讨论的交通调查是指交通经济调查，不包括工程技术调查。具体调查内容如下：

（1）交通方针政策及法规。

有关交通方针政策及法规，是政府意志的体现，是经济宏观调控的杠杆及手段，调查国家、项目所在省、市和项目影响区（小区）有关交通的方针政策及法规，目的在于遵守其中的规定，同时为交通量的预测服务。调查内容及主要指标有交通运输技术政策、已批准的综合运输网规划、国防对公路交通的要求、有关的技术标准规范、基建法规、地方政府对公路交通发展的规划或设想和公路网的战略研究等。

（2）交通概况。

调查项目所在省、市和项目影响区（小区）的交通概况，目的在于掌握区域交通过去、现在和将来的状况，对项目进行综合评价，同时为预测转移交通量搜集基础资料。调查的内容及主要指标有综合运输网的现状，包括5种运输方式的线路长度、年运输能力、主要货类和平均运距等；公路运输的地位及作用，包括主要相关公路的等级、里程、路面类型、交通量、行车速度、时间、大中桥、隧道和道路交叉口等状况；相关铁路的里程、等级、类型（单复线）、机车种类、牵引定数、年通过能力、运输密度、运行速度、平均运距、运行速度、运行时间、运输成本和运行对数等；相关水运航道等级、年运输能力、主要货类、平均运距、船舶种类、运行速度和运输成本等；有关港口的泊位、吞吐能力、功能、集疏方式及比重和港口腹地等；相关渡口的能力、渡运时间、费用以及等待时间等；相关机场的分布、规模和班次等；管道运输能力、货类等；汽车运输情况，包括分车型历年汽车保有量、汽车运输成本、平均吨（座）位、实载率、吨位利用率与里程利用率等；5种运输方式改造计划和长远规划。

（3）交通运输量。

调查交通运输量的目的是分析交通运输的趋势，预测交通运输的需求。调查范围是项目所在省、市以及项目影响区（小区）。调查的内容及主要指标有5种运输方式的客货运量、周转量、主要货类、流向以及旅客构成，综合运输构成、各种运输方式能力利用以及运输量增长率，历年港口吞吐量，有关渡口渡运量，远景运输量的规划、各种运输方式的比重、货物品种、流量的变化，公路运输发展的新特点、公路运输量新生源等。

（4）公路交通量。

交通量是指在单位时间内通过道路某一断面（一般为往返两个方向，如特指时可为某一方向或某一车道）的交通实体数，又称为交通流量或流量。公路交通量是交通调查的重点之一，调查目的是为交通量预测服务。调查范围是项目影响区。调查的内容和主要指标有有关公路的历年平均断面交通量、汽车交通量占混合交通量的比重、车型构成；交通量月不均匀系数，周、日不均匀系数，高峰小时交通量；车流平均运行速度；有关公路交叉口交通流出入流量；OD调查，其中包括车型、额定吨（座）位、实载、车流起点、终点和货类等。

调查公路行车成本的目的是确定汽车营运成本，为交通量预测（交通量分配）及经济评价搜集基础数据。调查的范围是项目所在省、市和项目影响区。调查的内容及主要指标有燃油规格、单价及所含的税金，润滑油单价及所含的税金，轮胎价格及所含的税金，轮胎尺寸、规格，不同道路状况下大中小型车辆的百公里油耗，润滑油耗费情况，轮胎平均磨损状况，各种车辆进口价格（关税、免税），国产车辆税金，免税售价，各种车辆平均使用年限、行驶里程，汽车保险费，各种车辆百公里维修保养费，驾驶员每年平均劳动时间和收入，车船使用税，车辆购置费，管理费、固定资产折旧，以及交通和非交通部门各种汽车单位运输成本等。

（5）道路养护大修管理。

道路养护大修管理的调查是为了计算道路的养护大修管理费用，为经济评价搜集有关参数。调查的范围是项目所在省、市。调查内容及主要指标有各级公路平均每公里养护管理费、各级公路大修间隔、各级公路平均每次每公里大修费、历年养路费收支等。

（6）道路收费。

道路收费的调查是为交通量预测和项目经济评价服务。调查范围是全国和项目所在省市。调查内容及主要指标有收费道路的收费形式、收费体制、收费时间、收费费用、交通事故情况等，还应调查收费对交通量的影响。

（7）交通事故及货损货差。

交通事故及货损货差的调查是为了获得经济评价的有关参数。调查的范围是项目所在省、市。调查内容及主要指标有公路交通事故平均损失费、各级公路交通事故率、在途货物平均价格以及货损货差率等。

3）OD调查

OD调查（"O"来源于英文Origin，指出行的起点；"D"来源于英文Destination，指出行的终点），即起讫点调查，是为了解各种交通出行的起点和终点、在一定区域内所进行的调查工作。其目的是为编制道路交通规划和组织交通提供依据。通过OD调查，可以掌握调查区域的交通流向、流量全面情况；结合土地利用、人口分布等各种经济资料，可以预测未来交通需求，评价现有道路网交通状况和完善交通组织管理措施等。

（1）OD调查的内容。

公路OD调查主要是指汽车OD调查、货流OD调查，而居民OD调查较少。

① 汽车出行OD调查内容。

此类调查是全国或地区道路交通情况调查的一个环节。通过调查汽车出行的起讫点和运行情况，了解汽车使用实况和道路交通现状，为交通预测、交通规划、交通组织管理和道路建设提供基础资料，具体内容如下：

a.车型分小型客车、大型客车、小型货车、中型货车、大型货车、摩托车和拖拉机7种；

b.车辆所有者分为交通运输部门、个体和社会车辆3种；

c.起点和终点要注明省、市以及县；

d.客车的额定座位和实载人数；

e.货车的额定吨位和实载吨位、货类和货物价值（元／车）；

f.通过时间和地点，对汽车专用公路要记录由哪个互通式立交桥入口进入；

g.对收费公路要调查收费金额。

② 货流OD调查内容。

此类调查是全国性或地区性的交通运输情况调查的一个环节。通过调查，了解货流的货源点与吸引点分布以及货运需求情况，为交通运输规划和交通网系统规划提供基础资料。其内容一般包括：

a.货源点与吸引点；

b.货物分类名称、数量及比例；

c.货运方式分配；

d.起点及终点；

e.行驶里程及经过主要路口。

（2）OD调查工作步骤。

对于已经确立的OD调查项目，应对调查的区域（范围）选择、调查小区（或站点）的布局划分、抽样大小拟定、调查表格进行周密的考虑。OD调查的具体工作步骤如下：

① 设立调查机构。

OD调查是一项涉及面广、工作量很大的工作，需要许多单位、部门相互协作，共同完成，因此，需要设立一个专门的机构，统一负责指挥、协调工作。

② 划区。

将OD调查的区域划分为小区，各小区的数目及地理位置范围与项目影响区的相关定义相一致，各小区各有一套数据资料。小区可称为OD调查区。

对于汽车出行OD调查，一般是按照主要交通道路对调查区域内各地的影响程度结合行政区域和自然地形障碍条件划分。先按行政区域（县、乡为单位）划分，再按地形条件（大山大河）划分小区。

③ 调查时间的确定。

确定OD调查时间，主要考虑以下两个方面内容。

a.调查日期的确定。调查日期一般选在周二、周三、周四，并避开节假日。同时，应提前与气象部门取得联系，以便把调查日期选在无雨雪或大风的天气，以利调查。

b.调查时间的确定。调查时间的长短影响到整个调查的工作量和调查质量，一般建议调查时间在12h以上，如能进行24h调查效果最佳，主要根据调查精度要求、规划目的、经费情况等确定。

④ 调查点的选择。

调查点的设置是OD调查的核心，设点太多，会使调查费用增加；设点太少，会导致调查结果失真。因此，选点工作应有熟悉当地交通情况的人员参加，以确保调查资料准确。OD调查地点的选择通常考虑以下6点。

a.调查点所在路段应是尽可能多的区域的车辆共同使用的线路。

b.在较大的道路分流、合流点处设置调查点。

c.调查点应尽可能避开短途交通，适当远离城镇，一般至少应离开城镇出入口5km以上。

d.调查点应尽可能位于路面较宽、线形平直（视距至少250m）的路段上，上、下行调查处之间应保留不小于150m的距离。当车辆少、路线等级低时可降低上述要求。

e.OD调查点同时作为交通量观测点。

f.为对调查数据进行24h扩大，应选定一些有代表性的OD调查点进行24h交通量观测。

⑤ 抽样选点。

如果某项OD调查的调查范围不大、对象不多，可采用全样调查。但在多数情况下，OD调查均需按一定比例抽样，即应用数理统计的原理，在误差允许的前提下，通过抽样调查推断母体。

抽样率的大小与母体数量、调查对象的复杂程度，以及调查统计分析的目标有关。母体越大，抽样率应越小；调查对象越复杂，抽样率应越大；调查统计分析的目标越多，抽样率应越大。抽样率大小还与抽样的方法有一定关系。

汽车出行公路OD调查抽样率为我国公路网规划拟定的在公路上进行OD调查的抽样率。它主要以路段的年平均日交通量考虑抽样率，见表2-2。

汽车出行公路OD调查抽样率　　　　　　　　　　表2-2

年平均日交通量（辆/d）	<1000	1000（含）~5000	5000（含）~6000	6000（含）~8000	8000（含）~9000	9000（含）~10000	≥10000
抽样率（%）	100	75	60	50	40	33	30

⑥ 制备调查表格。

根据调查目的和要求内容分别制备各式表格，表2-3、表2-4为我国采用的一些表格。

公路机动车OD调查表　　　　　　　　　　　表2-3

调查地点名称：　　　　　　　　调查时间：　年 月 日 时至 时
调查地点编号：　　　　　　　　星期：　　　天气：
行驶方向：　　　　　　　　　　调查员：

车型									起点	讫点				车辆所属性质			
小型货车	中型货车	大型货车	拖挂	集装箱	小型客车	大型客车	大中拖拉机	小拖拉机	地（市）县（区）	地（市）县（区）	货类	额定吨（座）位	实载吨（座）位	专业部门	工矿企业	机关事业	个体

注："货类"栏按下列代号登记：0-人；1-煤炭；2-石油；3-金属矿石；4-钢铁；5-建材；6-水泥；
　　7-木材；8-非金属矿石；9-化肥农药；10-盐；11-粮食；12-其他。

货运车OD调查表　　　　　　　　　　表2-4

车型：　　　　　　　　核定载重：　　　　　　　所属局：
车号：　　　　　　　　通行证号：　　　　　　　单 位：

车次	发时—到时	货类	载重	出发地点	到达地点	经过主要路口名称	里程（km）

⑦ 人员训练。

调查的质量很大程度取决于调查人员，尤其是采用面访调查方法时，调查人员的责任心将直接决定调查的成败。因此，从人员挑选开始就应严格要求。调查人员一般应具备高度的责任感、一定的文化程度，且身体健康、人地熟悉。训练过程中，要反复讲明调查的目的、要求与内容，要模拟实地调查时可能出现的各种情况，要强调培养耐心、热情与韧性，必要时还应采取笔试、口试等方式最后评定调查人员的资格。

⑧ 制订计划。

调查的实施计划应从实际出发，安排既要紧凑，又要留有一定的余地。

⑨ 典型试验。

在调查工作全面开展之前，应先做小范围的典型试验，以暴露一些问题，取

54

得经验教训，然后进一步完善计划和做法，确保达到预期效果。典型试验可结合培训调查人员一起进行。

（3）OD调查方法。

OD调查方法主要包括：家访调查（个人出行）、发放表格调查（车辆出行）、路边询问调查、明信片调查、工作出行调查、车辆牌照调查等。其中常用的方法是路边询问调查。此法主要用于汽车出行调查和货流OD调查，在道路上选定的调查点，竖立醒目的"停车检查"标志，夜间设照明。调查人员佩带交通调查袖章，拦车询问有关项目，填入表2-3或表2-4中。

4）交通分析

（1）交通分析的内容。

① 各种运输方式能力利用分析。

每条新路建成后，均具有一定的运输能力，这在路线设计时就已考虑。路线实际运营时所完成的运输量是否达到或超过该条线路的运输能力，是公路建设项目可行性研究、项目评估必须分析的内容之一。其目的是了解研究区域内运输线路是否适应交通需求，特别是公路运输能力的状况（能力过剩、饱和还是运输超负荷）。各种运输方式能力利用程度是通过实际数与能力比率。

公路的实际交通量（V）与设计通行能力（C）的比率（V/C），也同样可以用来表示该条公路的能力利用程度。通常将这个比率形象地称为拥挤度。

② 综合运输分析。

a.运输量增长分析。

为把握各种运输方式、运输量的历史变动情况和运输的发展趋势，必须分析直接影响区内各种运输方式历年或各个历史时期运输量的增长速度。常用的平均增长速度计算方法有两种。一种是水平法，又称几何平均法。采用如下计算公式：

$$r=\left(\sqrt[n]{\frac{a_n}{a_0}}-1\right)\times100\% \tag{2-17}$$

式中：r——平均增长速度；

　　　a_n——末期水平；

　　　a_0——基期水平；

　　　n——间隔期年数。

此种计算方法的优点是简便易行；缺点是计算中实际上只用了最末水平和最

初水平两个数字，如果中间时期出现了特殊的高低变化，或者最初、最末水平受特殊因素影响，就会降低甚至失去这个指标说明问题的意义。

另一种是用最小二乘法求运输量平均增长速度的方法。这种方法的优点是考虑了各年的变化情况，并使之误差最小。计算过程是以交通运输量作为被说明变量，以时间变量作为说明变量。其方程式为：

$$\ln TE = a + bt \tag{2-18}$$

式中： TE——交通运输量；

t——时间变量；

a、b——待估计参数。

计算所得的 t 的系数 b，就是平均增长速度。

同样，平均增长量也可由下式求得：

$$TE = \beta_0 + \beta_1 t \tag{2-19}$$

式中：β_1——交通经济的平均增长量。

b.运输结构分析。

运输结构分析是在资料分组的基础上，通过计算结构相对指标来研究综合运输总体内部的分配比重及其变化情况，从而更加深刻地认识各种运输方式的特殊性质及其在综合运输中所占有的地位。即运输结构相对指标是以运输总体总量作为比较标准，求各种运输方式占运输总体总量的比重，一般用百分数表示。未来运输结构的变化分析是一项复杂的工作。通常是通过研究已经经历过此发展阶段的国家或地区的运输结构及其发展规律，结合全国和省的交通运输网规划和项目影响区本身的经济、交通特点，综合分析而拟定。

运输结构分析可以分析运输里程、运输量等运输指标。

c.运输弹性分析。

运输弹性是指运输的生产弹性，研究运输弹性的目的是从总体上把握经济发展和交通运输的关系，确定未来年交通运输的发展趋势。

运输增长和经济发展互为因果关系，运输制约经济，反过来，经济又影响运输。运输的规模和增长速度与国民经济的水平和增长速度密切相关。运输弹性是衡量运输变动对经济变动的反应程度、衡量经济变化（增长或下降）百分之一所引起的运输变化百分之几的指标。用公式来表示：

$$弹性系数 e = \frac{运输变化的百分率}{经济变化的百分率} \tag{2-20}$$

这里的经济变化可以采用不同的经济指标来反映，如国民生产总值（GNP）、国内生产总值（GDP）、工农业总产值、国民收入以及相应的人均相对指标等。

运输变化也可分为运量变化和周转量变化。同时，根据不同目的，可以分析各种运输方式，也可以分析综合运输。

运输弹性有大有小，具有阶段性，通常发展阶段的标志以弹性系数大于1、小于1或等于1来表示。如果经济增长或下降、使运输量以同一百分率增加或减少，则运输弹性 $e=1$。如果运输量变动幅度大于经济变动幅度，即 $e>1$，就叫运输弹性大，或运输是有弹性的。反之，$e<1$，就叫运输弹性小，或运输缺乏弹性或无弹性。

由运输弹性的定义可知，弹性系数的计算是十分容易的。通常是利用几何平均法先计算出经济和运输的年平均增长率，然后经过比较就可得到某一历史时期的平均弹性系数。这种计算方法的优缺点与几何平均法计算平均增长率相同。

下面介绍另一种弹性系数计算方法。其推算方程式为：

$$\ln y = a + b \ln x \qquad (2\text{-}21)$$

式中：　y——运量或周转量；

　　　　x——经济指标（如 GDP、国民收入等）；

　　a、b——待定参数，所求得的 b 就是弹性系数。

表2-5是利用日本的统计资料，根据以上推算方程式，求得的1955—1980年日本货运弹性系数。

日本货运弹性系数（1955—1980年） 表2-5

发展时间	$\ln y = a + b \ln x$		
	b	R	SE
经济增长时期（1955—1960年）	1.1514	0.9905	0.0321
经济高速增长时期（1961—1970年）	0.9298	0.9887	0.0462
经济低速发展时期（1971—1980年）	0.4248	0.7854	0.0475
经济发展过程（1955—1980年）	0.8620	0.9012	0.0436

（2）OD调查资料整理分析

①OD表式样。

将调查区的流量或运量，按出发点（O点）和目的地（D点）所在的区间分别计数，用OD表形式汇集起来，可看出区内任意两O、D点间的流量或运量情况。表2-6为矩形OD表，适用于出发次数和到达次数不等的情况，它能反映两点间的流量和流向。表2-7为三角形OD表，适用于出发次数和到达次数相等的情况，它只能反映两点间的流量。

OD表（矩形） 表2-6

O \ D	1	2	...	j	...	n	出发合计
1	t_{11}	1	...	t_{1j}	...	t_{1n}	$\vec{T}_1$
2	t_{21}	t_{22}	...	t_{2j}	...	t_{2n}	$\vec{T}_2$
⋮	⋮	⋮	⋮	⋮	⋮	⋮	⋮
i	t_{i1}	t_{i2}	...	t_{ij}	...	t_{in}	$\vec{T}_i$
⋮	⋮	⋮	⋮	⋮	⋮	⋮	⋮
n	t_{n1}	t_{n2}	...	t_{nj}	...	t_{nn}	$\vec{T}_n$
到达合计	$\overleftarrow{T}_1$	$\overleftarrow{T}_2$	...	$\overleftarrow{T}_j$	...	$\overleftarrow{T}_n$	$\sum T$

注：1. t_{ij}——从小区 i 到小区 j 的出发数；

2. $\vec{T}_i$——小区 i 出发的合计数；

3. $\overleftarrow{T}_j$——小区 j 到达的合计数。

OD表（三角形） 表2-7

O \ D	1	2	...	j	...	n	出发合计
1	T_{11}	T_{12}	...	T_{1j}	...	T_{1n}	T_1
2		T_{22}	...	T_{2j}	...	T_{2n}	T_2
⋮			...	...	...	...	...
i				T_{ij}	...	T_{in}	T_i
⋮					...	...	...
n						T_{nn}	T_n
总计出行							$\sum T$

注：1. T_{ij}——小区 i、j 之间的出行数；

2. T_i——小区 i 出行合计数。

② 数据扩张。

OD实地调查数为样本数，应按抽样率将样本扩展为整体，然后将数据填入OD表内。

将汽车出行交通量扩展为 AADT 的计算公式为：

$$T_{Vi}=S_{Vni} \cdot F_1 \cdot F_2 \cdot F_3 \cdot F_4 \qquad (2\text{-}22)$$

式中：T_{Vi}——V车型、i方向的年平均日交通量，辆/d；

S_{Vni}——OD调查日第n小时、V车型、i方向的抽样数；

F_1——小时抽样系数，$F_1=C_{Vni}/S_{Vni}$；

C_{Vni}——OD调查日第n小时、V车型、i方向的车数；

F_2——昼夜系数，$F_2=\sum\limits_{n=1}^{24} C_{Vni}/\sum\limits_{n=1}^{18}\left(S_{Vni}\times F_1\right)$；

F_3——周变系数，$F_3=\left[\sum\limits_{n=1}^{7} C_d/7\right]C_{dOD}$；

C_d——周日任意天交通量观测值（当年）；

C_{dOD}——与OD调查同一日的交通量观测值；

F_4——月变系数，根据距离最近的交通量观测站上个年度的资料计算。

③ 修正重复影响。

OD调查中，某个OD之间可能有一个以上的调查点，应消除重复调查影响。方法如下：

a.取大值。比较同一条路径上不同调查点的同一OD值与同一车型数据，取大值作为OD值。

b.取平均值。将同一OD区间所有调查点同一区间、同一车型和同一方向的车辆数相加，再除以此区间的调查点个数，取此平均值作为OD值。

c.多路径相加在OD之间存在两条或多条路径时，同方向、同车型的数据相加。

d.调查成果检验。用OD表计算通过分隔查核线的理论出行数，将此理论出行数与现场调查数据比较，然后调整OD表，使两者差值在5%以下，就说明精度合格。

2.2.4　预测方法

1）市场需求预测

（1）市场预测方法分类。

市场预测方法一般可分为定性预测和定量预测两大类。

① 定性预测法。

定性预测是根据掌握的信息资料，凭借专家个人和群体的经验、知识，运用一定的方法，对市场未来的趋势、规律、状态作出主观的判断和描述。定性预测方法主要包括专家会议法和德尔菲法。

定性预测法预测结果的准确性与所选择的专家小组成员的权威性呈正相关性。一般而言，受访专家应当是对项目所处行业有一定研究的学术专家、业内资深人士（高管或其他专业人士）或兼具这两种身份的专家。

② 定量预测法。

定量预测是依据市场的统计数据资料，选择或建立合适的数学模型，分析研究其发展变化规律并对未来作出预测。可归纳为因果性预测、延伸性预测和其他方法三大类。

a.因果性预测是通过变量之间的因果关系，分析自变量对因变量的影响程度，进而对未来进行预测的方法。一个事物的发展变化，经常与其他事物存在直接或间接的关系，如居民收入水平的增加会引起多种物品销售量的增加。这种变量间的相关关系，要通过统计分析才能找到其中的规律，并用确定的函数关系来描述。通过寻找变量间的因果关系，从而对因变量进行预测，这是广泛采用的因果分析法，包括回归分析法、弹性系数法、消费系数法和购买力估算法，主要适用于存在关联关系的数据预测。

b.延伸性预测是根据市场各种变量的历史数据的变化规律，对未来进行预测的定量预测方法。包括移动平均法、指数平滑法、趋势外推法等，适用于具有时间序列关系的数据预测。它是以时间 t 为自变量，以预测对象为因变量，根据预测对象的历史数据，找出其中的变化规律，从而建立预测模型并进行预测。

c.其他方法则包括投入产出分析、系统动力模型、计量经济分析、马尔科夫链等，这些预测法主要借助复杂的数学模型模拟现实经济结构，分析经济现象的各种数量分析，从而提高人们认识经济现象的深度、广度和精确度，适用于现实经济生活中的中长期市场预测。

常用市场预测方法之间的比较见表2-8。

（2）主要预测方法。

① 弹性系数预测方法。

弹性系数预测法是根据产品的价格或收入弹性来预测产品需求量或供给量的一种预测方法。它根据所用弹性系数的不同，可划分为需求价格弹性预测法、供给价格弹性预测法、需求收入弹性预测法和交叉弹性预测法。

a.需求价格弹性预测法。

需求价格弹性是指商品或劳务需求量的变化率与其价格变化率的比率。其计算公式为：

常用市场预测方法比较一览表

表2-8

预测方法 方法	定性分析		定量分析						
			因果分析				延伸性预测法（时间序列分析）		
	专家会议法	德尔菲法	回归分析法	消费系数法	弹性系数法	购买力估算法	移动平均法	指数平滑法	趋势外推法
方法简介	组织有关方面的专家，通过会议的形式进行预测，然后综合专家意见，得出结论	对受访专家小组成员进行匿名调查，将专家提出的估计和设想，经过汇总、审查、修改，多轮反馈调整后，对统计结果进行分析和处理	运用因果关系，建立回归分析模型，包括一元回归、多元回归和非线性回归等	对产品在各行业的消费数量进行分析，结合行业规划，预测需求总量	运用两个变量之间的弹性系数进行预测	通过分析社会居民总购买力，具体对某种产品的需求量推导出对	对具有时序变化规律的事物，取时间序列中连续几个数据的平均值，作为下期预测值	与移动平均法相似，只考虑历史数据的近期作用不同，给予不同权值	通过对过去时间序列数据的外推，拟合一条最适合的趋势曲线，用这条曲线来推未来时间序列对应的值
适用范围	长期预测	长期预测	短、中长期预测	短、中长期预测	中长期预测	短、中长期预测	近期或短期预测	近期或短期预测	短、中长期预测
数据资料需求	专家的意见综合、分析与处理	专家的意见见综合、分析与处理	需要多年数据				数据最低要求5~10个		需要至少5年的数据
精确度	尚好	尚好	很好	很好	较好	较好	尚好	较好	较好

$$E_d = \left(\frac{Q_t - Q_0}{Q_0} \right) \bigg/ \left(\frac{P_t - P_0}{P_0} \right) = \left(\frac{\Delta Q}{Q_0} \right) \bigg/ \left(\frac{\Delta P}{P_0} \right) \qquad (2\text{-}23)$$

式中：E_d——需求的价格弹性系数；

　　　Q_0——价格变动前的需求量；

　　　Q_t——价格变动后的需求量；

　　　P_0——基期价格；

　　　P_t——变动后的价格；

　　　ΔQ——需求变化量；

　　　ΔP——价格变动量。

需求价格弹性预测法的预测模型为：

$$Q_t = Q_0 + \frac{E_d \cdot Q_0 \cdot \Delta P}{P_0}$$

$$或\ Q_t = Q_0 (1 + E_d \cdot P_r) \qquad (2\text{-}24)$$

式中：P_r——价格变化率。

例2-1　假定某企业的产品售价为每吨3000元时售出800万t，当售价降为每吨2800元时，售出1100万t，求该产品的需求量价格弹性系数。

解：

$$E_d = \frac{1100 - 800}{2800 - 3000} \times \frac{3000}{800} = -5.625\%$$

计算结果表明，该产品价格降低1%，需求量增长5.625%，弹性系数较大，计算结果为负数表明两个变量为反方向变化。但在实际运用时，为了方便直观，一般都取其绝对值。

---

b.供给价格弹性预测法。

供给价格弹性是指商品或劳务供给量的变化率与其价格变化率的比率。其计算公式为：

$$E_s = \left(\frac{Q_t - Q_0}{Q_0} \right) \bigg/ \left(\frac{P_t - P_0}{P_0} \right) = \left(\frac{\Delta Q}{Q_0} \right) \bigg/ \left(\frac{\Delta P}{P_0} \right) \qquad (2\text{-}25)$$

式中：E_s——供给的价格弹性系数；

Q_0——价格变动前的供给量；

Q_t——价格变动后的供给量；

P_0——基期价格；

P_t——变动后的价格；

ΔQ——供给变化量；

ΔP——价格变动量。

供给价格弹性预测法的预测模型为：

$$Q_t = Q_0 + \frac{E_s \cdot Q_0 \cdot \Delta P}{P_0}$$

$$或 Q_t = Q_0(1 + E_s \cdot P_r) \tag{2-26}$$

式中：P_r——价格变化率。

② 增长曲线预测方法。

运用某种函数曲线拟合预测对象的历史统计数据，从而建立能描述其发展过程的预测模型，然后以模型外推进行预测，这是趋势外推预测法的主要特点。

增长曲线预测方法是以时间为自变量，预测对象的变化特征和演变规律构造模型并进行外推预测的一类方法。增长曲线一般是非线性函数，它有许多类型，这里只介绍其中的两种。

a.龚玻兹曲线预测模型。

龚玻兹是英国统计学家和数学家，他在大量的观察研究中总结出龚玻兹曲线，其形式为：

$$y = k \cdot a^{b^t} \tag{2-27}$$

式中： y ——函数值；

t ——时间；

k ——渐近线值（极限值）；

a、b——模型参数。

其图形如图2-1所示。

式（2-27）具有以下性质：

a）因为k、a、b^t都大于零，故知曲线位于t轴上方。

b）当$t=0$时，$y=ak$，可知曲线通过点（0，ak）。

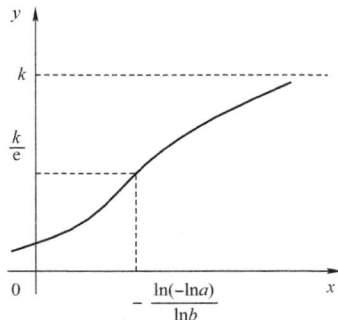

图2-1 龚玻兹曲线

c）当$t\to\infty$时，$Y\to k$；当$t\to-\infty$时，$Y\to 0$，可知曲线两端无限延伸时，以$Y=k$和$Y=0$为渐近线。

d）曲线有拐点$\left[-\dfrac{\ln(-\ln a)}{\ln b},\dfrac{k}{e}\right]$。

龚玻兹曲线是一条渐进线，当预测对象的发展趋势有极限，且有相近增长趋势时，可考虑用龚玻兹模型预测。

对于曲线中3个待定系数的拟合方式有很多种，这里简单介绍一种。

先对模型两边取对数，使其变为以下形式：

$$\lg y = \lg k + b^t \lg a$$

将历史数据分成三等分，设每一等分有n个数据，再将模型的有关数据的实际值y_t取对数$\lg y_t$。把第一部分中各年的$\lg y$相加计为$\sum_1 \lg y$，同理得到$\sum_2 \lg y$、$\sum_3 \lg y$，经过数学处理，得到如下参数解：

$$b = \sqrt[n]{\frac{\sum_3 \lg y - \sum_2 \lg y}{\sum_2 \lg y - \sum_1 \lg y}} \tag{2-28}$$

$$\lg a = \left(\sum_2 \lg y - \sum_1 \lg y\right)\frac{b-1}{\left(b^n-1\right)^2} \tag{2-29}$$

$$\lg k = \frac{1}{n}\left(\sum_1 \lg y - \frac{b^n-1}{b-1}\lg a\right) \tag{2-30}$$

b.逻辑曲线。

1938年比利时数学家维哈尔斯特在研究人口增长规律时，归纳出著名的罗吉斯曲线，又称为生长曲线。该曲线是一种有理论依据，广泛应用于长期预测的数学模型。

其方程如下：

$$y = \frac{k}{1 + be^{-at}} \tag{2-31}$$

式中：y——函数值；

$\quad\quad t$——时间；

$\quad\quad k$——模型参数，极限值；

$\quad a$、b——模型参数，常数；

$\quad\quad e$——自然数。

逻辑曲线的图形如图2-2所示。

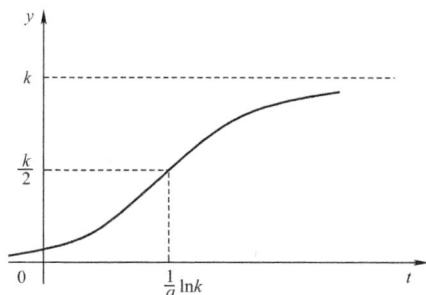

图2-2　逻辑曲线

逻辑曲线具有如下性质：

a）k、b、e^{-at} 都大于零，可确定曲线位于 t 轴上方。

b）当 $t=0$ 时，$y = \dfrac{k}{1+b}$，可知曲线通过点（0，$\dfrac{k}{1+b}$）。

c）当 $t \to \infty$ 时，$y \to k$，当 $t \to -\infty$ 时，$y \to 0$，可知曲线两端无限延伸时，以 $y=k$ 和 $y=0$ 为渐近线。

d）曲线拐点（$\dfrac{1}{a}\ln k$，$\dfrac{k}{2}$）。

e）曲线以其拐点对称。

根据实际资料，求出模型参数 a、b、k，即可得到逻辑曲线。估计这3个参数有许多方法，这里简单介绍倒数总和法。

倒数总和法规定时间间隔相等，将实际数据分为三组。每组的数据个数 $r = \dfrac{n}{3}$，设各组实际值 y_t 的倒数之和分别计为 S_1、S_2、S_3，即：

$$S_1 = \sum_{t=1}^{r} \frac{1}{y_t}, \quad S_2 = \sum_{t=r+1}^{2r} \frac{1}{y_t}, \quad S_3 = \sum_{t=2r+1}^{3r} \frac{1}{y_t}$$

又设 $D_1 = S_1 - S_2$，$D_2 = S_2 - S_3$。

模型参数 a、b、k 分别按下式求解：

$$a = \frac{1}{r}\left(\ln D_1 - \ln D_2\right) \tag{2-32}$$

$$k = \frac{r}{S_1 - \dfrac{D_1^2}{D_1 - D_2}} \tag{2-33}$$

$$b = \frac{k}{c} \cdot \frac{D_1}{D_1 - D_2} \tag{2-34}$$

式中：$c = \dfrac{e^{-a}\left(1 - e^{-ra}\right)}{1 + e^{-a}}$。

公式的推导过程从略。

逻辑曲线和龚玻兹曲线模型有一个相同的应用条件，即预测对象的增长必须存在极限，且有相近增长趋势。满足该条件时可考虑用上述两种曲线模型进行预测。

运用增长曲线模型进行预测，基本要点是掌握各种增长曲线的特征，选用的增长曲线应符合研究对象发展过程。增长曲线用于中长期预测时，模型的稳定性假设与预测对象的环境及相关因素的变化有关。

2）交通量预测

（1）发生、吸引交通量的预测。

交通发生或吸引（traffic generation or attraction）与区域的概念密切联系在一起。建立发生、吸引交通量模型的目的是预测社会经济发展对交通运输的需求。

在建立交通量发生、吸引模型之前，应该首先根据调查编制现在OD表。在OD表上，发生量 Q_{pi} 和吸引量 Q_{aj} 就是横纵栏的合计数，见表2-9。

现 在 OD 表　　　　　　　　　　　表2-9

O＼D	1	2	…	j	…	n	合计
1	Q_{11}	Q_{12}	…	Q_{1j}	…	Q_{1n}	Q_{p1}
2	Q_{21}						
⋮	⋮						
i	Q_{i1}			Q_{ij}		Q_{in}	Q_{pi}
⋮	⋮						
n	Q_{n1}			Q_{nj}		Q_{nn}	Q_{pn}
合计	Q_{a1}			Q_{aj}			Q

交通发生量或吸引量与区域的人口、经济、土地利用和汽车保有量等密切相关，预测每个区的将来发生量或吸引量，需要建立现在条件下两者的数学关系式，并且假定这种关系在将来也不作实质性的改变。

① 增长率法。

增长率法的做法是把现状OD表上的发生量 Q_{pi} 和集中量 Q_{aj} 分别乘以它们的发展倍数 F_i 和 F_j，从而得到将来的发生量 Q'_{pi} 和集中量 Q'_{aj}。计算公式为：

$$Q'_{pi}=F_i \cdot Q_{pi} \tag{2-35}$$

$$Q'_{aj}=F_j \cdot Q_{aj} \tag{2-36}$$

发展倍数与人口和机动车保有量有关，通常用下式计算发生、集中量的发展倍数。

$$F_i=\frac{P'_i}{P_i} \cdot \frac{M'_i}{M_i} \tag{2-37}$$

式中：$\dfrac{P'_i}{P_i}$——人口的发展倍数；

$\dfrac{M'_i}{M_i}$——机动车的发展倍数；

F_j的确定与此相同。

发展倍数的确定，还可以与下面谈到的相关分析法结合起来考虑，即利用回归模型推定现在发生量的估计值$\hat{Q}_{pi}$和将来发生量的估计值$\hat{Q}'_{pi}$，那么

$$F_i=\frac{\hat{Q}'_{pi}}{\hat{Q}_{pi}} \tag{2-38}$$

$$Q'_{pi} = Q_{pi} \cdot \frac{\hat{Q}'_{pi}}{\hat{Q}_{pi}}$$

$$或 Q'_{pi} =\hat{Q}'_{pi}+ （Q_{pi}-\hat{Q}'_{pi}）\cdot \frac{\hat{Q}'_{pi}}{Q'_{pi}} \tag{2-39}$$

② 强度指标法。

强度指标法也叫原单位系数法，即采用社会经济指标体系中的预测指标，分析基年每单位指标产生的交通量，然后乘以该指标的将来预测值，从而得到将来发生量的一种方法。此方法假定每单位社会经济指标发生的交通量，现在和将来都是不变的。

常用的强度指标有：

a.每人产生的交通量；

b.每辆汽车产生的交通量；

c.各种用地单位面积产生的交通量；

d.其他社会经济指标产生的交通量（如单位工、农业产量发生的交通量、商品销售额发生的交通量等）。

计算公式为：

$$Q'_{pi} = \frac{Q_{pi}}{E_i} \cdot E'_i \tag{2-40}$$

式中：E_i、E_i'——现在和将来的社会经济指标。

③ 相关分析法。

所谓相关分析法，就是对发生交通量与人口、经济、土地利用等进行相关分析，建立发生交通量模型，利用模型求得将来发生交通量的一种方法。

英国等国多采用一元或多元线性回归模型：

$$Y=\alpha + \beta_1 X_1 + \beta_2 X_2 +\cdots + \beta_n X_n \tag{2-41}$$

式中：　　　Y——因变量（发生交通量或吸引交通量）；

$X_1,\cdots,X_n$——自变量（人口、经济、汽车保有量等）；

α——回归常数项；

$\beta_1,\cdots,\beta_2$——回归系数。

如果用此公式研究区域的发生交通量，所有的变量需要加一个脚标i；如果研究吸引交通量，所有的变量就加一个脚标j，以易于辨认。

日本人认为，线性模式是在某种程度上反映汽车已经普及情况下的式子。而下面这种指数几何式是预料今后汽车会迅速增加时所用的式子。计算公式为：

$$Y=\alpha \cdot X_1^{\beta_1} \cdot X_2^{\beta_2} \cdot \cdots \cdot X_n^{\beta_n} \tag{2-42}$$

选用的变量X指标通常为人口、就业人口、工业产值、收入、商品零售额、汽车保有量等。

实际用的函数模式，如果变量X选得很多，会使计算复杂化。日本建设省道路局在使用指数几何式时，多选用总人口（人）、工业产品出厂额（100万日元）、区域面积（公顷）和现有汽车台数（台）4个指标。

（2）分布交通量的推算。

所谓交通分布就是区与区之间的交通流，现状的区与区之间的交通分布已从OD表中体现出来。交通分布推算的目的是根据现状OD分布量及各区因经济增长、土地开发而形成的交通量的增长，来推算各区之间的将来的交通分布。

从OD表来看，可以这样理解。通过上一阶段的计算，可以得到将来OD表中的发生交通量Q_{pi}'和吸引交通量Q_{aj}'，见表2-10的最末一列和最末一行。

将 来 OD 表　　　　　　　表2-10

O\D	1	2	⋯	j	⋯	n	合计
1	Q_{11}'	Q_{12}'	⋯	Q_{1j}'		Q_{12}'	Q_{p1}'
2	Q_{21}'						

O \ D	1	2	⋯	j	⋯	n	合计
⋮	⋮				⋯		
i	Q'_{i1}			Q'_{ij}		Q'_{in}	Q'_{pi}
⋮	⋮				⋯		
n	Q'_{n1}			Q'_{nj}	⋯	Q'_{nn}	Q'_{pn}
合计	Q'_{al}			Q'_{aj}		Q'_{an}	Q'

将来的总出行数为：

$$Q' = \sum_{i=1}^{n} Q'_{pi} = \sum_{j=1}^{n} Q'_{aj} \tag{2-43}$$

现在的任务是推算分布交通量 Q'_{ij}，即推算 i 区与 j 区总的区间交通量和各区内部的区内交通量。推算出将来分布交通量就可编制将来 OD 表。

分布交通量的预测方法已有很多，大体上分为两种：一种是应用现在 OD 表来推算将来 OD 表，这叫增长率法，常用的有平均增长率法、弗雷特法等；另一种是从现在 OD 表选出一个重力模型，把这个重力模型作为推算将来 OD 表的基础，这叫重力模型法。

① 增长率法。

这种方法是从已知的现在 OD 表和发生、吸引交通量的增长率求出 OD 分布交通量的近似值 Q'_{ij}，然后对 $\sum_{j=1}^{n} Q'_{ij}$、$\sum_{i=1}^{n} Q'_{ij}$ 就 Q'_{pi} 和 Q'_{aj} 进行收敛计算，从而求出将来分布交通量，有以下 3 种模型：

a. 平均增长率法。

计算模式：将来分布 = 现状分布 × 平均增长系数，即：

$$Q'_{ij} = Q_{ij} \times \frac{1}{2}(F_i + G_j) \tag{2-44}$$

式中：Q'_{ij}——从 i 区到 j 区的将来出行量；

Q_{ij}——从 i 区到 j 区的现状出行量；

F_i——i 区出行发生的增长系数；

G_j——j 区出行吸引的增长系数。

每次计算过程完成后，应检查吸引量和发生量是否与推算的交通量相符合，否则，应在第一轮计算的基础上，重新计算新的增长系数，然后进行第二轮计算，重复上述过程，直到新的增长系数等于 1。在实际工作中，未必收敛到 1，

而是预先给定一个判定值 ε，只要 $\left| F_i - 1 \right|$ 或 $\left| G_j - 1 \right| < \varepsilon$ 即告完成。

例2-2 已知1、2、3区的出行、增长系数及现状分布，见表2-11，求将来出行分布。

出行产生、增长系数和现状分布 表2-11

区号	1	2	3	发生量合计	增长系数 F_i	将来发生量
1	4	2	2	8	2.5	20
2	3	5	4	12	1.67	20
3	2	3	3	8	3.13	25
吸引量合计	9	10	9			
增长系数 G_j	2.78	1.80	2.24			
将来吸引量	25	18	22			

解：$Q'_{ij} = Q_{ij} \times \dfrac{1}{2}\,(F_i + G_j)$

$Q'_{11} = Q_{11} \times \dfrac{1}{2}\,(F_i + G_j) = 4 \times \dfrac{1}{2}\,(2.5 + 2.78) = 10.56 \approx 11$

$Q'_{21} = Q_{21} \times \dfrac{1}{2}\,(F_i + G_j) = 3 \times \dfrac{1}{2}\,(1.67 + 2.78) \approx 6.7 \approx 7$

同理，$Q'_{13} \approx 5$，$Q'_{31} \approx 6$，$Q'_{22} \approx 9$，$Q'_{33} \approx 8$，$Q'_{23} \approx 8$，$Q'_{32} \approx 7$，得出第一轮计算结果，见表2-12。因第一轮计算结果中新的调整系数不满足要求，需进行第二轮计算，直到满足要求为止。本例需进行第四轮计算，结果见表2-13。

第一轮计算结果 表2-12

区号	1	2	3	发生量合计	将来发生量	增长系数 F_i
1	11	4	5	20	20	1
2	7	9	8	24	20	0.83
3	6	7	8	21	25	1.19
吸引量合计	24	20	21	65	65	
将来吸引量	25	18	22	65	65	
增长系数 G_j	1.04	0.90	1.05			

第四轮计算结果　　　　　　　表2-13

区 号	1	2	3	发生量合计
1	11	4	5	20
2	7	7	7	21
3	7	7	10	24
吸引量合计	25	18	22	65

下面谈到收敛计算时，也是这样考虑的。

b.底特律法。

此方法假定i区和j区间的交通量同F_i和G_j/F成比例增加，则按下式求出分布交通量的第一次所得值。

$$Q'^{(1)}_{ij}=Q_{ij} \cdot F_i \cdot G_j / F \tag{2-45}$$

与平均增长率法一样，对Q'_{ij}进行收敛计算。底特律法计算过程如图2-3所示。

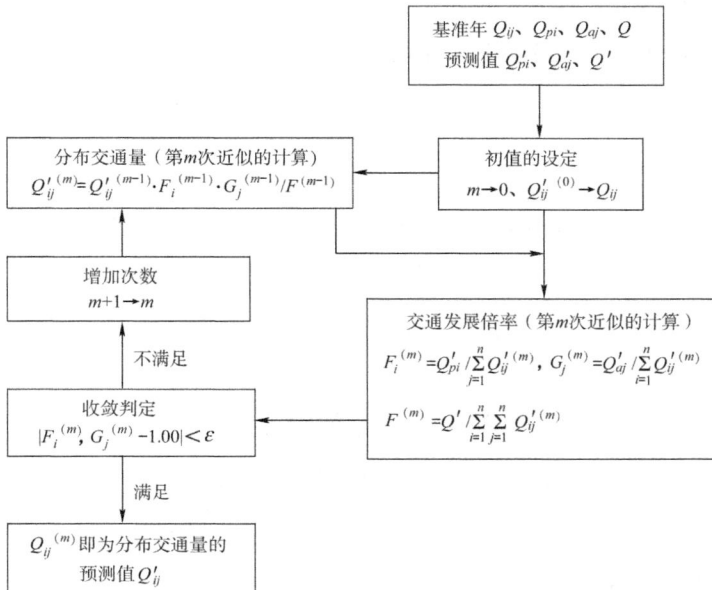

图2-3 底特律法计算程序

c.费雷特法。

此模型考虑了出发与到达地间的联结程度。出发与到达地间的联结程度，可以用区域分布系数来反映。所谓区域分布系数，就是区域j对于区域i的发生交通量的吸引比例，或区域i对于区域j的吸引交通量的发生比例。从区域i发生交通量的到达区域来看，其到达区域j的现状分布系数，可以从现在 OD 表中查出，即$Q_{ij}/\sum\limits_{j=1}^{n}Q_{ij}$，将来的分布系数取决于到达交通量的发展倍数$G_j$，分布系数为$Q_{ij}\cdot G_j/\sum\limits_{j=1}^{n}(Q_{ij}\cdot G_j)$，因此，区域$j$的将来发生交通量$QP_i\cdot F_i$到达区域$j$的分布交通量由下式计算：

$$Q'^{(1)}_{ij(i)}=QP_i\cdot F_i\cdot Q_{ij}\cdot G_j/\sum\limits_{j=1}^{n}(Q_{ij}\cdot G_j)=Q_{ij}\cdot F_i\cdot G_j\frac{QP_i}{\sum\limits_{j=1}^{n}(Q_{ij}\cdot G_j)} \tag{2-46}$$

同理，从区域j到达交通量的发生区域来看，其发生区域i的现状分布系数，可以从现在 OD 表中查出，即$Q_{ij}/\sum\limits_{j=1}^{n}Q_{ij}$，将来的分布系数取决于区域$i$的发生交通量的发展倍数$F_i$，分布系数为$Q_{ij}\cdot F_i/\sum\limits_{j=1}^{n}(Q_{ij}\cdot F_i)$，因此，区域$j$的将来吸引量$Q_{aj}\cdot G_j$发生在区域$i$的分布交通量由下式计算：

$$Q'^{(1)}_{ij(j)}=Q_{aj}\cdot G_j\cdot Q_{ij}\cdot F_i/\sum\limits_{j=1}^{n}(Q_{ij}\cdot F_i)$$
$$=Q_{ij}\cdot G_j\cdot F_i\cdot Q_{aj}/\sum\limits_{j=1}^{n}(Q_{ij}\cdot F_i) \tag{2-47}$$

将来i、j区间的交通量$Q'^{(1)}_{ij}$假定是考虑从i发生交通量所求的$Q'^{(1)}_{ij(i)}$和考虑被j吸引的所有交通量所求出的$Q'^{(1)}_{ij(j)}$的平均值。

$$Q'^{(1)}_{ij}=\frac{Q'^{(1)}_{ij(i)}+Q'^{(1)}_{ij(j)}}{2}=Q_{ij}\cdot G_j\cdot F_i\frac{L_i+L_j}{2} \tag{2-48}$$

式中：L_i——相当于所有小区j对小区i具有平均吸引力的倒数，$L_i=Q_{pi}/\sum\limits_{j=1}^{n}(Q_{ij}\cdot G_j)$；

L_j——相当于所有小区i对小区j具有平均吸引力的倒数，$L_j=Q_{aj}/\sum\limits_{j=1}^{n}(Q_{ij}\cdot F_i)$。

L_i和L_j表示某一小区对其他小区的位置关系，所以称为位置系数。

通常，经过上述第一次近似计算，$\sum\limits_{j=1}^{n}Q'^{(1)}_{ij}$、$\sum\limits_{j=1}^{n}Q'^{(1)}_{ij}$和$Q'_{pi}$、$Q'_{aj}$并不一致。

因此，与平均增长率法一样，要反复计算，直到F_i、G_j等于1.00。费雷特法收敛速度快，但公式较繁。

费雷特法的计算过程如图2-4所示。

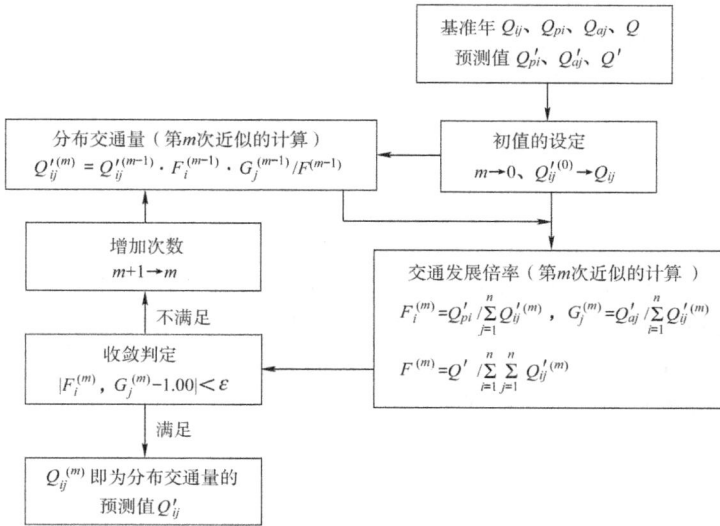

图2-4　费雷特法计算程序

② 重力模型法。

在交通规划中应用的重力模型源于牛顿的万有引力定律，假定某发生区的出行量，其分布受其他区域对它的吸引程度的影响。被其他地区吸引的程度与这些区域的土地利用程度成正比，与出行阻力（典型的出行阻力的度量方法是区间距离或旅途时间）成反比，即：

$$Q_{ij} = K \cdot L_{oi} \cdot L_{di} / f(T_{ij}) \tag{2-49}$$

式中：　Q_{ij}——两个交通小区i和j之间的出行数量；

L_{oi}、L_{di}——出发区i和到达区j的土地使用强度；

$f(T_{ij})$——两个交通小区i和j之间的交通摩阻。

交通摩阻$f(T_{ij})$一般与两个交通小区i和j之间的行程时间、行程费用、行程距离等有关，通常在道路交通规划中取用下列数学模型：

幂函数：$f(T_{ij}) = F_{ij}$

指数函数：$f(T_{ij}) = e^{-\beta T_{ij}}$

塔尼尔函数：$f(T_{ij}) = T_{ij}^{\alpha} e^{\beta T_{ij}}$

因常数项K的组成和土地使用强度的度量不同而将重力模型分为下述4种类

型。由于出行的生成和吸引是土地使用的函数，一般由交通统计区的生产量和吸引量代替交通区的土地使用强度，即：

$$L_{oi}=Q_{pi} \quad L_{di}=Q_{aj}$$

式中： Q_{pi}——i区的出行生成量；

Q_{aj}——j区的出行吸引量。

则重力模型的标准式为：

$$Q'_{ij}=Q_{pi} \cdot Q_{aj} \cdot K / f(T_{ij}) \tag{2-50}$$

$$K=\left\{ \sum_i \sum_j Q_{ij} \cdot \sum_i \sum_j Q'_{ij} \right\}^{-1}$$

常数K保证重力模型起讫点矩阵中的出行总数等于调查（现状）起讫点矩阵中的出行总数，但是当把模型矩阵中的每一列或每一行的出行加起来，求解各交通统计区的交通生成和交通吸引模型计算值时，这些总数不一定等于调查（现状）矩阵交通生成和交通吸引量。

a.重力模型的分类。

a）无约束的重力模型。

$$Q'_{ij}=K \cdot Q_{pi} \cdot Q_{aj} / f(T_{ij}) \tag{2-51}$$

$$K=\left\{ \sum_i \sum_j Q_{ij} \cdot \sum_i \sum_j Q'_{ij} \right\}^{-1}$$

b）出行生成受约束的重力模型。

$$Q'_{ij}=K_i \cdot Q_{pi} \cdot Q_{aj} / f(T_{ij}) \tag{2-52}$$

$$K_i=\left\{ \sum_j Q_{aj} f(T_{ij}) \right\}^{-1}$$

K是每一个交通生成区的常数，保证当把模型矩阵每一行中的出行加起来，计算得到的分区的交通生成等于调查的分区的交通生成。然而，每一交通区模型矩阵中列的总和并不一定要等于调查矩阵中列的总和（即出行吸引量并不一定要相等）。

c）双约束重力模型。

$$Q'_{ij}=K \cdot Q_{pi} \cdot Q_{aj} / f(T_{ij}) \tag{2-53}$$

$$\sum_j Q_{ij}=Q_{pi} \quad (i=1, 2, \cdots, n)$$

$$\sum_i Q_{ij}=Q_{aj} \quad (j=1, 2, \cdots, n)$$

这一组模型可用迭代法求解，令 $K=a_ib_j$，有

$$Q_{ij}=a_ib_j \cdot Q_{pi} \cdot Q_{aj}/f(T_{ij}) \tag{2-54}$$

代入约束方程，可得：

$$a_i=\left[\sum_j b_j Q_{aj} f(T_{ij})\right]^{-1} \quad (i=1,\ 2,\ \cdots,\ n) \tag{2-55}$$

$$b_j=\left[\sum_i a_j Q_{pi} f(T_{ij})\right]^{-1} \quad (j=1,\ 2,\ \cdots,\ n) \tag{2-56}$$

式中：$f(T_{ij})$——道路阻抗函数；

T_{ij}——从 i 至 j 的阻抗。

模型的迭代步骤如下。

第一步：令初值 $b_j=1$，$(j=1,\ 2,\ \cdots,\ n)$，取精度值 ε。

第二步：求 a_i，并用 a_i 求 b_j，$(i,\ j=1,\ 2,\ \cdots,\ n)$。

第三步：检验 $Q_{pi}/\sum Q_{ij} \overset{?}{=} 1\pm\varepsilon$，$(i=1,\ 2,\ \cdots,\ n)$，若是，则结束，否则转第二步。

例 2-3 图 2-5 为五节点的网络，弧旁的数字为该弧的阻抗。求得所有最短路的阻抗为：

$$T=\begin{bmatrix} 0 & 10 & 15 & 12 & 9 \\ 10 & 0 & 16 & 15 & 7 \\ 15 & 16 & 0 & 13 & 6 \\ 12 & 15 & 13 & 0 & 8 \\ 9 & 7 & 6 & 8 & 0 \end{bmatrix}$$

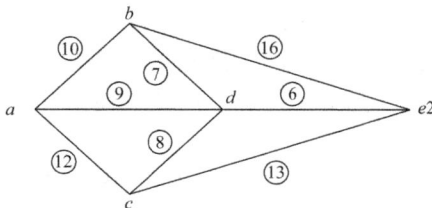

图 2-5 某路网图

已知 $Q_{pi}=$（300，450，540，270，240），$Q_{aj}=$（350，400，500，300，250）。

解：令阻抗函数 $f(T_{ij})=\exp(-0.02 \times T_{ij})$

第一步：取 $b_j^{(0)}=1$（$j=1$，2，…，5）。

第二步：计算得

$a_i^{(1)}=$（8.7×10^{-4}，9.2×10^{-4}，9.9×10^{-4}，8.5×10^{-4}，7.5×10^{-4}）

$b_j^{(1)}=$（0.93，1.07，1.20，0.92，0.79）

$Q_{pi}^{(1)}=$（310，448，509，278，254）

$Q_{aj}^{(1)}=$（350，400，500，299，250）

$$Q_{ij}^{(1)}=\begin{bmatrix} 0 & 92 & 117 & 57 & 44 \\ 111 & 0 & 180 & 85 & 72 \\ 131 & 168 & 0 & 115 & 95 \\ 59 & 73 & 107 & 0 & 39 \\ 49 & 67 & 96 & 42 & 0 \end{bmatrix}$$

第三步：取 $\varepsilon=0.0001$，判断 $Q_{pi}/\sum Q_{ij}$ 是否在 $1+0.0001$ 的误差范围内。判断未满足，重复计算 $a_i^{(2)}$、$b_j^{(2)}$。仍不满足要求，迭代第三次，结束计算。

d）完全受约束的重力模型。

$$Q'_{ij}=K_i \cdot K'_j \cdot Q_{pi} \cdot Q_{aj}/f(T_{ij}) \tag{2-57}$$

$$K_i=\left\{ \sum_j K_j Q_{aj}/f(T_{ij}) \right\}^{-1}$$

$$K'_i=\left\{ \sum_j K'_j Q_{pi}/f(T_{ij}) \right\}^{-1}$$

完全受约束的重力模型对每一个生成区有一个常数 K_j，对每一个吸引区有一个常数 K'_j，它们对所有 i 区至 j 区间的乘积，保证模型矩阵中行的总和及列的总和与调查矩阵中行的总和及列的总和都对应相等。

③ 交通量分配（traffic assignment）。

分布交通量解决了 i 区至 j 区间的由路网承担的总交通量是多少的问题，接着就需要解决交通量在路网上的分配问题。所谓交通量分配，就是把各小区间的分布交通量分配到具体的道路上去。

交通量的分配方法主要有全有全无分配法、等行程时间分配法等。这里通过一个简单例子，介绍分配率法，旨在开阔思路。

当驾驶员选择路线时，往往并非严格地按照行程时间或费用，而是有一定的随机性，如路线最熟悉、路线风景好或行车最安全等，这种对个别随机因素的选择导致随机模型的产生。

经研究，交通量分配概率是行程时间和转移参数 θ 的函数，采用以下模型：

$$P_K = \frac{\exp(-\theta \cdot t_K)}{\sum\limits_{i=1}^{m} \exp(-\theta \cdot t_i)} \qquad (2-58)$$

式中：P_K——第 K 条线路分到出行量的分配概率；

　　　θ——转移参数或分配参数；

　　　m——可供选择的出行路线条数；

　　　t_i——第 i 条路线的行程时间（零流量时）；

　　　t_K——第 K 条路线的行程时间（零流量时）。

当 $\theta=0$ 时，行程时间对驾驶员的选择没有影响，各线路的分配概率相同，即 $1/m$。当 $\theta>10$ 时，趋于按最短路分配。θ 的确定一般通过调查取得。

另外一个相似的分配概率模型为：

$$P_K = \frac{\exp(-\theta \cdot t_K / T)}{\sum\limits_{i=1}^{m} \exp(-\theta \cdot t_i / T)} \qquad (2-59)$$

式中：T——各出行线路的平均行程时间。

分配参数 θ 可以通过分析随机因素和最短路因素而确定。在两路分配的情况下（三路以上的情况有时可转化为两路）有：

$$\theta = [\ln(3T_0 + 2) - \ln(2 - 3T_0)] / T_0 \qquad (2-60)$$

式中：$T_0 = (t_2 - t_1) / T = 2(t_0 - t_1) / (t_2 + t_1)$。

在三路分配的情况下有：

$$\theta = \frac{2}{10}\left\{\ln[1 + 4(4 + 3T_0)(2 - 3T_0)^{-1}] - \ln 2\right\}$$

θ 可利用上述公式求得。

研究者经大量分析后认为，在通常的出行线路选择范围内（$t_2/t_1 = 1.0 \sim 1.5$），θ 可取一定值 3.3。

现举一实例，进一步说明用第二个概率模型分配交通量的具体做法。

例 2-4 如图 2-6 所示，①②两小区由 7 个路段组成，路旁数据为零流量时的行程时间（单位为 min）。从①区到②区的分布交通量 Q_{12} 为 3000 辆/日。请在该路网上进行分配。

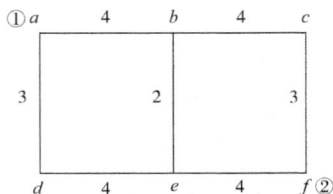

图2-6 某区域路径图

解：出行者从①区到②区有3种走法：*abef*、*adef*、*abcf*，其行程时间分别为10min、11min、11min。出行者离开①时，先在出行路线*adef*、*ab*→*f*〔该路行程时间为1/2（10+11）=10.5min〕两出行路线上选择。

$$T = \frac{1}{2}(11 + 10.5) = 10.75(\text{min})$$

$$P_{adef} = e^{-3.3 \times 11/10.75}/(e^{-3.3 \times 11/10.75} + e^{-3.3 \times 10.5/10.75}) = 0.4617$$

$$P_{ab \to f} = 1 - P_{adef} = 0.5383$$

则路段*ad*、*de*的分配交通量为：

$$3000 \times 0.4617 = 1385（辆/日）$$

路段*ab*的分配交通量为：

$$3000 \times 0.5384 = 1615（辆/日）$$

对分配在出行线*ab*→*f*上的出行量（1615辆/日）还要作第二次分配（即*b*→*f*的分配）。从*b*到*f*有两条路可供选择*bcf*、*bef*，行程时间分别为7min、6min。

与上同法，$P_{bcf} = 0.3757$，$P_{bef} = 0.6243$。

所以，路段*bc*、*ef*的分配交通量为：

$$1615 \times 0.3757 = 607（辆/日）$$

路段*be*的分配交通量为：

$$1615 \times 0.6243 = 1008（辆/日）$$

路段*ef*的分配交通量为：

$$1008 + 1385 = 2393（辆/日）$$

本章要点

本章主要讲述了项目评估中的社会经济和交通调查、分析及预测方法。本章内容是工程项目评估工作的主要基础。

社会经济的调查方法主要有观察、询问、试验和抽样4种。调查内容主要有自然资源、人口及劳动者、经济（包括经济水平、经济结构、经济布局、建设投资、外贸、经济发展规划与政策）。

社会经济分析方法主要有对比分析方法、平均数分析方法、变异指标分析方法和数据修匀。社会经济分析内容主要有市场分析、资源条件分析、人口分析及经济分析。

交通调查、分析是进行交通现状评价，综合分析建设项目的必要性和可行性的基础。交通调查、分析及交通量预测水平的高低将直接影响到项目决策的科学性。交通调查的内容主要有交通方针政策及法规、交通概况、交通运输量、公路交通量、公路行车成本、道路养护大修管理、道路收费及交通事故及货损货差。OD 调查的内容有汽车 OD 调查、货流 OD 调查及居民 OD 调查。交通分析的内容有各种运输方式能力利用分析及综合运输方式分析。

预测方法主要有定性预测方法（包括专家会议方法、德尔菲法）和定量预测方法（包括移动平均法、指数平均法、趋势外推法、回归模型分析）。主要预测方法有需求价格弹性预测方法、增长曲线预测方法（包括龚玻兹曲线预测模型、逻辑曲线）。四阶段交通预测方法的 4 个阶段为市场需求预测，发生、吸引交通量的预测（预测方法有增长率法、强度指标法及相关分析法），分布交通量的推算（推算方法有增长率法及重力模型法），交通量的分配（见例题）。

📖 本章习题

1. 社会经济调查的方法主要有哪些？
2. 社会经济的分析方法与分析内容主要有哪些？
3. 交通调查、分析及预测的目的是什么？
4. OD 调查的主要内容是什么？
5. 交通分析的主要内容和方法是什么？
6. 简述 OD 调查的主要内容。
7. 简述四阶段交通预测方法。

第3章 工程项目建设规模评估

💡 **学习目标**

1. 掌握项目生产规模的概念。
2. 掌握经济效益与规模之间的关系。
3. 掌握盈亏平衡分析确定规模的方法。

📖 **学习准备**

为了学好本章内容，要求初步了解规模经济基本理论并且掌握线性、非线性盈亏平衡方程的计算方法等。

3.1 项目生产规模的概念及其决定因素

3.1.1 项目生产规模的概念

工程项目生产规模的确定，是项目可行性研究中的重要组成部分。项目生产规模的确定与选择合理与否，直接关系到项目建成投产后的生产经营状况的好坏和投资经济效益的高低。

所谓生产规模，是指劳动力、劳动手段和劳动对象等生产要素与产品在一个经济实体中的集中程度。在可行性研究中，对工业项目来说，生产规模一般是指项目的生产能力，即在正常情况下，拟建项目可能达到的最大年产量或年产值，如电视机生产项目是按其一年提供的电视机数量来确定的。而对非工业项目来说，规模则是指其提供的工程效益。水利灌溉项目是以其受益面积来计算的，港口工程项目是以其年吞吐量计算的，公路工程项目是以其昼夜交通流量计算的。

3.1.2　项目生产规模的决定因素

1）国民经济发展规划、战略布局和有关政策

投资项目的生产规模，尤其是一些基础性项目和公益性项目的生产建设规模，应首先适应国家、地区和行业的经济发展规划的需要，这是因为这些项目生产与建设规模的大小，往往关系着部门之间的比例关系。同时，国家的投资政策、产业政策以及地区（生产力布局）政策等都会对项目的生产规模的确定产生一定程度的影响。另外，符合国家在不同时期对不同行业项目最小规模的规定是确定项目生产规模的前提，如国务院在1994年公布的《90年代国家产业政策纲要》附件中关于实施固定资产投资项目经济规模（第一批）的规定，是选择相关项目生产规模时所必须遵照执行的。

2）项目产品的市场需求

市场的需求是确定项目生产规模的前提，如果生产规模超过了社会需求量，就会出现生产能力过剩、开工不足的现象，经济上遭受损失；反之，则会造成产品供不应求，既不能满足社会需求，又减少了企业的收益。具体影响表现如下：

（1）社会需求量的影响。如果产品是面向全国市场的或国际市场的，而且需求量大，那么，生产规模可大些，否则应缩小生产规模。

（2）需求特点的影响。若产品用于满足某行业、某工种以及某些特定人群的需求，这种专用性导致产品的非标准化，生产规模应小型化。若是产品满足全社会需求，趋向标准化，生产规模应大型化。

（3）需求时间的影响。大型企业建设期和生产期都较长，如市场需求紧迫，可考虑建立小型企业，在较短时间内满足社会的需要。

从数量上讲，确定的生产规模应小于或等于市场需求量。如果确定的生产规模不在规模经济区内，应参考其他制约因素和决定生产规模的因素，把生产规模控制在规模经济区内。

3）项目所处行业的技术经济特点

不同的部门和行业对项目生产规模有不同的要求。例如，一般来说，重工业部门项目的生产规模就要求大一些；采掘工业的生产规模，主要取决于矿区的地质条件和矿物的储量；冶金工业的规模，主要由高炉以及其他联动设备能力决定；以农产品为原料的加工工业的规模，主要取决于原料生产、供应能力和产品需求能力；化学工业，则要求对原材料进行综合利用和"三废"治理相结合，在

技术工艺条件具备与资源供应集中的条件下，项目的生产规模越大，经济效果越好；轻工业是生产最终产品的，其市场性较强，因此，应根据具体情况，实行大中小规模并举；公路工程行业的生产建设规模，由沿线经济发展和交通增长潜力决定。因此，应根据项目所处行业的技术经济特点，合理确定规模，利用规模经济获取规模收益。

4）资金、资源的供应状况及其他生产建设条件

确定项目规模应本着实事求是、量力而行的原则。因此，确定投资项目的规模时，必须考虑到建设资金和资源的供应情况。如果资金并不宽裕、能源与原材料供应有限，项目的规模就不能铺得过大。同时，土地使用权的取得，也是项目进行建设和生产的基本条件。项目要形成一定的生产能力，就必须有一定的土地面积作保证。另外，交通运输、环境保护、人员编制以及设备供应等因素也制约着项目的生产规模。因此，确定项目的生产规模时要考虑以上的多种因素是否具备相应条件。

5）项目拟采用的生产技术和设备、设施状况

项目生产规模的选择并不是一项孤立的工作，而应该结合项目的其他技术经济特征的安排综合考虑。即项目如果打算采用先进的生产技术和专用设备，并且能够实行大批量生产，那么，项目的生产规模就可以定得大一些；否则，就应该定得小一些。

6）规模经济效益

经济效益是制约和决定项目生产规模的重要因素。必须考虑项目拟定的生产规模能否达到或接近该部门或行业的规模经济的生产能力。一般而言，生产规模越大，单位产品的固定成本越低，盈利率越高。但也不是规模越大越好，当生产规模超过一定限度时，管理费用、运输成本可能会增大，造成规模不经济。根据规模经济的基本理论，通常把项目生产规模分为以下4个类型：

（1）亏损规模，即销售收入小于总成本费用的规模；

（2）最小经济规模，即销售收入等于总成本费用的保本最小规模；

（3）最佳经济规模，即使盈利最大的经济规模；

（4）合理经济规模，即使项目有盈利的规模。

生产规模的确定，就是要在合理经济规模的基础上，追求最佳经济规模，充分发挥规模经济效益。

7）企业的布局条件和经营管理水平

如果某种产品已过分集中在一个地区，而且企业规模很大，则应将同类项目分散到其他地区建立中小型企业；如果某地区对某种产品的需求较大，附近地区供需差额也较大，则应适当增大生产规模；如果经营管理水平高，决策、计划、组织以及控制能力强，则生产规模也可以大些。

总之，确定项目的生产规模，在综合考虑以上主要制约因素后，还应研究结合项目的规模经济问题，在若干个可行的生产规模中，按投资效益标准选择尽可能满意的生产规模。

3.2　项目生产规模的确定方法

项目生产规模的确定，就是要综合考虑上述影响项目生产规模的各种制约因素，选择合理的规模。合理的生产规模能使企业充分发挥主要生产工艺设备的作用，合理利用企业的生产能力，取得良好的技术经济效益，这是项目可行性研究和项目评估的一项重要工作。通常情况下，可采用以下方法确定项目生产规模。

1）经验方法

经验方法是指根据国内外同类或类似企业的历史数据，考虑生产规模的制约和决定因素，确定拟建项目生产规模的一种方法。在实际工作中，这种方法使用得比较多。

其通常做法是，在确定拟建项目生产规模之前，首先找出与该项目相同或类似的企业，特别是找出几个规模不同的企业。然后计算出各规模企业的主要技术经济指标，如投资利润率、内部收益率等。最后综合考虑制约和决定该项目拟建生产规模的各种因素，确定一个合适的规模。

2）最小费用法

实践工作中，为了节省时间和费用，常用一些比较简单的方法进行规模方案的比选，其中最小费用法使用频率最高。此方法通过比较各方案的单位产品年计算费用，选其中费用较小者为优。其计算公式为：

$$A = C_h + C_t + E_h I \qquad (3-1)$$

式中：A——单位产品年计算费用；

C_h——单位产品工厂成本；

C_t——单位产品平均运输和销售费用；

E_h——部门投资效果系数；

I——单位产品投资额。

例3-1 假定欲向市场提供60万t产品，根据分析研究有以下3种可行的方案：

① 建设3个年产20万t生产规模的工厂；

② 建设2个年产30万t生产规模的工厂；

③ 建设1个年产60万t生产规模的工厂；

各方案所需的费用见表3-1。请选择确定最优方案。

不同方案的费用对比　　　　　　　　　　　　　　表3-1

指　　标	单　　位	方　　案		
		①	②	③
		建3个厂	建2个厂	建1个厂
生产规模	万t/年	20	30	60
总投资	万元	96000	90000	84000
部门投资效果系数	%	10	10	10
单位产品投资	元/t	1600	1500	1400
单位产品工厂成本	元/t	800	700	600
单位产品运输和销售费用	元/t	100	150	300

解： 根据表3-1的数据可以进行如下计算。

方案①：$A_1 = 800 + 100 + 1600 \times 10\% = 1060$（元/t）

方案②：$A_2 = 700 + 150 + 1500 \times 10\% = 1000$（元/t）

方案③：$A_3 = 600 + 300 + 1400 \times 10\% = 1040$（元/t）

经比较，方案②为最优方案。

3）分步法

（1）项目起始规模的确定。

项目起始规模的确定主要采用盈亏平衡分析法，即计算盈亏平衡时的产销量。计算盈亏平衡时的产销量，首先要研究项目的产销量与产品成本之间的关系。一般地，在耗用水平不变的情况下，随着生产的产品数量的增加，单位产品成本会逐渐降低。这是因为在产品总成本的构成中包含着两类不同性质的费用：变动费用和固定费用。变动费用是指费用总额随着产品数量的变动而呈同方向变动的费用，如产品成本中的材料费、燃料费等；固定费用则是指在一定时期和一定范围内费用总额基本不变的费用，如固定资产折旧费、制造费用和管理费用等。根据上面的说明，项目生产产品的总成本可用下列公式表示：

产品总成本=固定费用总额+单位产品变动费用×产品生产数量

假设：①项目产品的生产量等于销售量；②在所分析的销售量范围内，固定成本不会发生变动；③产品品种结构单一。另记产品的销售单价为 P，产量为 Q，固定成本为 F，单位变动成本为 V。在项目盈亏平衡时，销售收入等于产品总成本，即：

$$PQ = F + VQ \qquad (3\text{-}2)$$

由上式可得，盈亏平衡时的产销量为：

$$Q_0 = F/(P - V) \qquad (3\text{-}3)$$

Q_0 即是项目盈亏平衡时的产销量，当项目的生产能力小于它时，项目就会发生亏损，因此，它是安排项目生产规模的起始规模。

（2）最大生产规模的确定。

在确定了起始生产规模作为拟建项目生产规模的下限后，需要确定最大生产规模。要综合考虑各项因素对项目生产规模的限制作用，特别是制约生产规模的瓶颈因素分析后，确定在现行条件下的最大的生产规模，作为所选生产规模的上限。

（3）合理生产规模的确定。

项目合理规模的确定主要取决于项目的投资者进行该项投资时对效益的预期程度。一般地，在其他条件允许的情况下，投资者对效益的预期期望越高，项目的合理规模就会越大。假设投资者对该投资项目的预期收益总水平为 R，则项目的合理规模为 $Q = (F + R)/(P - V)$。

3.3 项目拟建规模的评估

1）项目拟建规模评估的内容

当可行性研究报告中对生产规模提出了几种不同方案，并从中选择了最优方案时，评估人员应对提出的最优方案进行审查、计算和分析，考核其选择是否正确；对于未提出最优方案的项目，应从几种不同的可行性方案中选出最优方案。

当可行性研究报告中只提出一个可行性方案时，评估人员应向企业了解是否有其他方案，并根据项目产品的市场需求调查和预测、投入物和生产条件的分析，再经过规模经济的分析，作出肯定原来方案的评价，或提出更好的方案的建议。

2）项目拟建规模评估的程序

对几种不同生产规模的方案进行比较分析时，应根据产品预测的市场需求量，剔除产量大于市场需求量的规模方案，将拟建项目生产规模控制在市场需求量范围之内。

应考虑生产技术和工艺设备的先进性，以及项目所需投入的原材料、能源和其他生产条件的保证程度。剔除不符合生产技术和设备要求、不能得到投入物和生产条件保证的方案，选择符合这些条件要求的生产规模方案。

根据规模经济分析要求，进行多方案的技术经济论证，从中选择各方面条件较好，又能获得最好经济效果的最佳经济规模方案。

3.4　公路工程项目建设规模评估的特点

公路工程由于其独特的行业特点，建设规模的定义有不同于其他项目的地方。应注意以下4点：

（1）公路工程项目规模的确定是在进行了社会经济、交通量预测，根据预测结果，考虑其他相关因素后，根据相关规范中关于公路等级与预测交通数量之间的关系来确定的。如规范规定能适应按各种汽车（包括摩托车）折合成小客车的年平均昼夜交通量25000辆以上，并具有特别重要的政治、经济意义，专供汽车分道高速行驶并全部控制出入的公路，就应该考虑建设高速公路。同时，对于如何确定一级公路、二级公路的等级规模也作了具体的规定。

（2）公路工程项目属于公益类项目，它的规模确定不能只考虑项目本身是否盈利、是否费用最小，还要从社会效益、国民经济宏观效益和环境效益的角度考虑建设项目的规模和等级，甚至在两者发生矛盾时要服从后者。

（3）公路工程项目在进行收入与成本分析时与其他项目有很大的区别。在公路工程项目中，收入主要是指道路的收费收入，其数值是与通过的车辆数成正比的，而成本主要是指建设投资等。

（4）公路工程建设项目的等级规模在最初建成通车的几年中是处于超前的，因为公路工程项目在建设时适应的是远景交通量和经济的未来发展水平，因此，公路工程项目在确定建设规模时一定要处理好合理规模的问题。

本章要点

本章主要讲述了项目生产规模的概念及其决定因素、项目生产规模的确定方法、项目拟建规模评估的内容和程序及公路工程项目建设规模评估的特点。

项目生产规模是指劳动力、劳动手段和劳动对象等生产要素与产品在一个经济实体中的集中程度。在可行性研究中，对工业项目来说，生产规模一般是指项目的生产能力，即在正常情况下，拟建项目可能达到的最大年产量或年产值，如电视机生产项目是按其一年提供的电视机数量来确定的。而对非工业项目来说，规模则是指其提供的工程效益。水利灌溉项目是以其受益面积来计算的，港口工程项目是以其年吞吐量计算的，公路工程项目是以其昼夜交通流量计算的。其决定因素有国民经济发展规划、战略布局和有关政策，项目产品的市场需求，项目所处行业的技术经济特点，资金、资源的供应状况及其他生产建设条件，项目拟采用的生产技术和设备、设施状况，规模经济效益以及企业的布局条件和经营管理水平。项目生产规模的确定方法有经验方法、最小费用法及分步法。

本章习题

1. 项目生产规模的概念及其决定因素是什么？
2. 项目生产规模的确定方法有哪些？
3. 项目拟建规模评估的主要内容和程序是什么？
4. 简述公路工程项目建设规模评估的特点。

第4章 工程项目建设条件及技术评估

💡 **学习目标**

1. 掌握厂址选择原则。
2. 掌握厂址选择条件评估方法。
3. 掌握设备、技术选择评价原则。
4. 掌握技术评估方法。
5. 熟悉项目工程设计方案评估。

📋 **学习准备**

学习本章内容前应该熟悉项目建设条件与生产条件内容，并了解项目方案比选的基本方法。

4.1 工程项目建设条件评估

项目建设条件分为广义和狭义两个方面：前者是指项目从施工建设到建成投产及生产经营整个过程的条件；后者专指项目的施工建设条件。

要保证项目决策成功，并达到预期的目标，应满足其建设条件的要求。由于这些条件范围广，情况较为复杂，需根据项目的具体情况，分门别类，逐类评价。总体考查的项目建设条件，既有项目自身系统的内部条件，也有与之协作配套的外部条件；不仅有可以控制的静态稳定条件，还有较难掌握的动态不确定性条件。评估的重点应是项目外部条件与动态不确定性条件。

4.1.1 厂址选择评估

厂址选择是投资项目设计的前提工作，是保证项目可持续性运营的关键措施之一，它对于生产力的合理布局以及城乡经济和社会的发展都具有深远影响。因此，大中型项目都要编制选址报告，对选址作多方案的技术经济论证。

1）厂址选择的原则

厂址选择不但要考虑技术因素、市场因素和经济因素，也要考虑项目可能产生的社会影响和环境影响，因而这是一项政策性强且复杂的技术经济分析工作。选择时要注意遵循以下原则：

（1）厂址选择应服从区域规划、城镇建设规划，遵循国家的建设方针。

（2）厂址选择应遵循合理利用土地的原则。

（3）厂址选择应有利于节省投资。

（4）厂址选择应既有利于生产，也有利于生活。

（5）厂址选择应有利于专业化协作。

（6）厂址选择应充分考虑环境保护和生态平衡，同时应注意避开以下地段：风景区、名胜古迹和自然保护区等。

2）厂址选择的方法

厂址选择是一项极为复杂的、综合性的工作，选择的方法主要有如下3种：

（1）方案比较法。

方案比较法是指对初选的几个厂址方案列出厂址方案的比较表，进行初步分析比较，然后比较投资费用和经营费用，从而确定厂址的方法。其基本步骤是先在建厂地区选择几个厂址，列出可比较因素，经初步比较，从中选出两三个较为合适的厂址方案；再进行详细的调查和勘察，计算出各方案的建设投资和经营费用，从中选择追加投资回收期较短或年生产经营费用最低的方案。厂址的方案比较，可以分为技术条件比较和经济条件比较两个方面。技术条件比较是基础性的工作。需要根据建厂条件的指标，通过各专业的技术分析进行，比较的内容可参考表4-1。经济条件比较则是把经初步分析确定的方案进行建设投资和经营费用的比较或追加投资回收期的比较，比较的内容可参考表4-2。在比较中，当投资和经营费用一致时，选择其中最小的方案。当两者不一致时，即某方案建设投资费用高，但经营费用少，或者相反，则采用追加投资回收期或年计算费用的方法来计算。其计算公式如下：

$$T = \frac{K_2 - K_1}{C_1 - C_2} \tag{4-1}$$

式中： T——追加投资回收期；

K_1，C_1——方案一的投资额与生产经营费用；

K_2，C_2——方案二的投资额与生产经营费用。

投资费用和经营费用比较表的格式可参考表4-2。

厂址技术条件比较表　　　　　　　表4-1

序号	比较的内容名称	厂址方案		
		方案A	方案B	方案C
1	厂址的位置、方位			
2	与城市距离、人口、城市主要设施			
3	地形特征			
4	地基承受能力参考值			
5	主要气候条件（气温、雨量等）			
6	占地面积及情况			
	其中：耕地（公顷）			
	荒地（公顷）			
7	土石方工程			
	其中：土方（万 m^3）			
	石方（万 m^3）			
8	地质构造、地震记载			
9	水文及供水条件			
	自来水			
	地表水			
	地下水			
10	交通运输条件			
	公路			
	铁路			
	航空			
11	动力供应条件			
12	"三废"处理条件			
13	施工条件			
14	生活条件			

（2）评分优选法。

评分优选法对拟议方案中的相关因素、满足程度及权重等进行打分，并汇总，以总分最高者为最优方案。一般采用厂址方案比较表来进行，比较表见表4-3。

评分优选法的关键是客观地确定方案中影响因素的权重和所得分数（等级系数），权重和分数一般由有经验的专家、工程技术人员以及管理人员等根据实际条件和经验共同确定。

投资费用和经营费用比较表　　　　　　　　　　　　表4-2

序号	费 用 项 目	方案A	方案B	方案C
1	投资费用 　土地使用费 　土石方工程 　运输及设施设备 　供水 　排水 　临时设施 　建筑材料运输 　住宅及文化设施 　环保设施 　防洪及防震设施 　其他 小计			
2	经营费用 　原材料、燃料运输 　产品及废料运输 　给水费用 　排水 　动力供应 　其他 小计			
	总计			

厂址方案比较表　　　　　　　　　　　　表4-3

指　　　标	权数	基本分	方案A 积分	方案B 积分	方案C 积分	备注
厂址位置 占地面积 运输条件 施工条件拆迁补偿 土石方工程量 生产条件投资回收期 与城市规划、工业区规划的关系 地形地质						
总分						

（3）最小运输费用法。

如果把厂址问题作为分配产品时总费用最小的问题，则可以利用线性规划中运输问题的解法来选择厂址。

例4-1　设某地区已有甲乙两个工厂生产某一产品，月产量为5000台，预计该地区在今后四年内月需求量为10000台，并在以后十年内基本稳定。为满足需求，拟建一座月产量为5000台的工厂，设有丙、丁两个厂址方案，有关资料见表4-4。请确定最佳厂址。

单位产品销售成本及产销平衡表　　　　　　表4-4

销售地	A市	B市	C市	D市	生产能力
甲厂	130元	125元	128元	121元	3000台
乙厂	120元	128元	131元	135元	2000台
丙厂	122元	125元	135元	130元	5000台
丁厂	133元	120元	130元	125元	5000台
需求量	3000台	2000台	2000台	3000台	10000台

解：根据表4-4的资料，可用最小费用分配法首先确定在两地建厂的产品分配方案，见表4-5，进而计算全部费用。

在丙地生产的产品分配表　　　　　　表4-5

销售地	A市	B市	C市	D市	生产能力
甲厂	130元	125元	128元	121元[②]3000台	3000台
乙厂	120元[①]2000台	128元	131元	135元	2000台
丙厂	122元[③]1000台	125元[④]2000台	135元[⑤]2000台	130元	5000台
需求量	3000台	2000台	2000台	3000台	10000台

表4-5中，由乙厂销往A市的单位产品销售成本最低，为120元，A市需求量为3000台，由于受乙厂生产能力的限制，其中2000台由乙厂供给。此外，甲厂销往D市的单位产品销售成本次低，为121元，D市需求量由甲厂供给。而丙厂销往A市的单位产品销售成本为122元，A市经乙厂供应后还需1000台，应由两厂供给。最后，B、C两市场还未满足，这时仅有丙厂具有供给能力，所以全部由丙厂分别供给2000台。表中①~⑤为分配顺序。这样不仅可以保证产销平衡，而且可以保证生产和销售费用最低。

如果在丙地建厂生产，其生产销售费用为：

120×2000+121×3000+122×1000+125×2000+135×2000=1245000（元）

同样，可以求出在丁地建厂的生产销售费用（表略）为：

120×2000+120×2000+121×3000+130×2000+133×1000=1236000（元）

在丁地建厂能节约生产销售费用9000元，故厂址应选在丁地。

4.1.2 工程地质和水文地质条件的评估

所谓工程地质，是指与工程建设有关的地质现象。其内容分为两类：一类是自然物理地质现象，如山崩，滑坡，河、海岸的冲刷，火山，地震等；另一类是工程地质现象，如地基因建筑物的重量而下沉、山坡因挖掘而崩陷等。水文地质是指与工程建设有关的地下水文现象，包括地下水的形成、分布及运动规律，物理性质和化学性质，水位的变化、流动方向以及流速等。

工程地质和水文地质条件是投资项目厂址选择的重要条件之一，也是对项目建设和生产经营长期影响的制约条件。

1）工程地质条件的评估

评估项目所在地区的工程地质应着重分析以下4点：

（1）分析当地的地质构造，了解地层、岩层的成因及地质年代，以便对项目地段的自然物理条件作进一步审查。

（2）地层须具有稳定性，不得有滑坡、断层、土崩以及喀斯特等现象可能引起的后果。

（3）是否存在人为的地表损毁现象，如土坑、地洞、枯井、战壕以及古墓等，这些将影响项目的施工进度，增加投资额。

（4）探明地下有无矿藏及已开采的矿洞，分析这种地段的副作用，避免构成压矿，或因制作人工基地及打桩带来的额外投资，导致工时延误而不利于项目的建设。

2）水文地质条件的评估

评估项目所在地区水文地质时应注意审查以下4点：

（1）分析地区内地下水类型，主要含水层岩性、富水性埋藏深度，水位及地下水可采储量，这些涉及项目地基的基础及供水条件，影响较大。

（2）审查主要含水层的水质分析资料、地下水和地表水的水力同水质的联系，以便确定开采后期是否适合项目使用。

（3）分析并预测开采地下水后，水位和水质的变化情况、对工程地质的影响，如地面沉降、塌陷等，应保证不至于危害项目的实施。

（4）分析项目所在地区全年不同时期的水位变化、流向、流速和水质的情况，地下水是否有污染现象，以判明项目在施工、生产、生活用水方面的保障程度。

4.1.3 交通运输及通信、原材料、燃料、动力的供应条件

1）交通运输

运输是物资供应的"先行环节"，既关系到项目建设和生产所需的物资能否及时保证供应，也关系到项目产品的生产成本。因此，交通运输条件是项目生产建设的重要条件和关键环节。

对交通运输条件的评估，主要是分析项目所选择的运输方式和运输设备是否经济合理，评估运输中的装、卸、运、储各环节的能力及组织管理是否协调有序，估算各种类型物资的运进量与运出量，分析其对生产过程与产品成本的影响。

项目运输方式的选择可从厂内和厂外两种运输方式进行分析。厂内运输方式的合理选择取决于运输的载体形式、性质和生产工艺要求；厂外运输方式与设备的选择涉及运输物资的类型和特点、运输量的大小和运输距离等因素。

运输方式的选择应进行多方案的技术经济分析比较，选取最经济合理的方式。注意运输中的装、卸、运、储各环节的衔接，以保证项目生产的连续性，做到既能维持物资供应的连续性，又能使储备合理，占用较少的储备资金；计算和评估交通运输项目的相关投资（如计算专用铁路接轨、编组站和仓储设施等投资），还应考虑其同步建设。

2）通信条件

通信包括电传系统和邮电系统，主要用以传播现代科学技术和市场信息，是现代生产系统顺利运转的重要保证条件。因此，应重视有关通信项目的同步建设问题，主要分析当地是否具备便捷发达的通信设施和项目对通信条件的要求，研究拟选场（厂）址现有的电信线路、微波装置、无线电的情况和可利用性以及新建通信设施的可能性和投资成本估算。

3）原材料、燃料、动力的供应

（1）原材料的供应条件评估。

原材料和物料投入，包括未加工或半加工的原料、经过加工的工业材料（如

中间产品）、制成品（如零配件、部件等）、辅助材料（如化学制品、添加剂、包装材料、油漆、油料等），以及工厂用品（如保养材料、机油、润滑油脂和清洗材料等）等。按照拟建项目的生产要求和生产规模，说明项目所需的原材料和主要辅助材料的名称、品种、成分、质量以及年需用量（包括年使用量和损耗量），分别编制原材料用量估算表（表4-6），有害、有毒、易燃、易爆材料、物料等危险材料（品）用量估算表（表4-7）。

原材料用量估算表　　　　表4-6

序　号	原材料名称	规格或质量	单　位	数　量	运输方式及来源

说明：1.数量以年用量计算；

　　　2.原材料包括主要辅助材料和物料。

危险材料（品）用量估算表　　　　表4-7

序　号	材料名称	规　格	单　位	数　量	运输方式及来源

说明：1.数量以年用量计算；

　　　2.危险材料（品）包括有害、有毒、易燃、易爆材料与物料等。

根据拟建项目产品的类型、性质特点，研究原材料供应的可能性及其对产品成本和质量的影响，着重分析评估原材料供应数量、质量、价格、供应来源、运输距离以及仓储设施等方面条件的情况。在项目评估报告中详细说明原材料的来源、供应方式、运输条件、价格及储存方法。

对原材料和物料投入供应条件分析评估的要求如下：

① 原材料供应的数量要满足项目生产能力的需要。即应根据项目涉及的生产能力、选用的工艺技术和设备性能来估算项目所需的基本材料和投入物的数量，还需预测保证项目近期和远期的需要量和供应来源地的可靠性。原材料供应总量应包括物料损耗量。

② 原材料的质量要适应生产工艺要求，满足项目产品设计功能的需要。即应逐一分析特定项目对各种投入物在质量和性能特征上的要求，因为它们直接影响到该项目的生产工艺、产品质量和资源利用程度。

③ 注意分析评估原材料和投入物的价格，以达到提高项目经济效益的目的。通常情况下，主要原材料的价格及其来源地可靠保证，对项目的技术可行和经济合理及其合理规模的确定都有决定性影响。分析基本材料的价格弹性和互补性，

是确立项目经济性的关键。通过技术经济分析论证，选择更合适的材料或物美价廉的投入物，就是资源优化利用的经济问题。

④ 原材料的供应首先要立足国内。如果必须从国外进口，需说明进口的理由，对进口原材料一定要注意供应的稳定性和运输环节的风险。一旦国外供应来源有变化，要采取应变措施，并预测用国产原料代替的前景。

⑤ 由国内供应原材料要注意就近取材，选择合理经济的供应距离和运输方式，以保证项目生产的连续性和产品成本的降低。在分析评价原材料供应条件时，应对运输能力和运输费用进行计算。对于季节性生产的原料，如农、林、水产品等，需说明短期进货数量。

⑥ 为保证项目产品的连续生产，应重视材料存储设施的建设，在原材料供应条件中要包括供应原材料的技术规格、供应规模和合理的储备量，并计算出仓储设施的投资和仓储费用，可分别纳入项目设计总投资和生产成本之中。

（2）燃料、动力的供应条件评估。

项目生产所需燃料主要有煤炭、石油或天然气等，而所需动力是指外购的水、电、风、汽和气及其他带有能量的工作介质等。燃料和动力是建设项目生产和建设过程中不可缺少的重要物质条件，是保证项目建成投产和维持长期稳定生产的关键因素。在项目评估报告中应说明项目所需燃料的品种、用量、来源、供应条件及运输方式，并对燃料成分和热值进行分析，同时说明所需动力的种类、数量和供应来源。这里，要编制燃料、动力用量估算表（表4-8）。

燃料、动力用量估算表　　　　　　　　　　　　表4-8

序号	燃料、动力名称	规格或质量	单　位	数　量	运输方式及来源
	燃料 … 动力 …				

说明：1.数量以年用量计算；

　　　2.燃料主要指煤炭、石油与天然气等，动力指外购的电、气、水等。

① 燃料的合理选择将直接影响项目的生产过程、产品成本、产品质量和厂区的环境。应分析评估这些影响，并进行多方案的优选，还须计算燃料供应量、质量和供应方式，落实燃料的运输及其储存设施问题。

② 根据项目产品类型和生产特点，对动力供应条件有重点地进行分析评估。对煤（油）供应条件评估分析，除了具体落实（供应来源、运输方式和可靠性）

外，还需核算煤的入炉价格，提交煤质化验报告，分析煤的燃烧值等技术参数是否符合锅炉用煤的要求。供水条件的评估分析，要计算项目生产和建设所需用水量、供水价格对成本的影响，项目对水源和水质的要求；分析是否有节水的循环设施、污水净化设施，并估算水源、供水泵站及管网等供水设施的费用。电力条件的评估分析，须估算最大需电量、高峰负荷以及备用量，按生产工艺要求计算日耗电量、年耗电量及其对产品成本的影响，还须计算变电所、输电线路及自备电厂的功率及其投资。蒸汽和煤气等供应条件的评估分析，要分别计算需要量，分析供应方式（集中供应、分散供应、从外厂购进等）对产品成本的影响，分析自备设施投资、规模及设备选型以及管网布置的合理性。

③ 注意地区动力（能源）供应的供需平衡问题。动力供应（即能源供应）是正常生产的重要保证，应认真调查项目所需能源供需平衡情况，如发现不平衡或供应困难，应分析原因并采取积极的节能工艺和节能措施；了解供应部门对能源缺口的安排意见和可落实情况；分析项目投产后的能源保证制度，调查能源运输方式和运输路线，分析其对生产成本的影响。

（3）原材料和燃料的试验。

对需要做生产试验的原材料、燃料等，应按需要分别进行不同阶段的生产试验，以选择工艺生产方法，确定技术参数和消耗指标，测定产品质量，取得主要设备选型等的各项数据，并说明试验名称、试验目的和要求，需要做试验的理由，试验方法（如实验室、中性或小型生产试验）与结果。

4.1.4　环保方案评估

1）污染种类

对工业项目来说，对自然环境和生态平衡的破坏，主要来自以下4个方面：

（1）投入物产生的污染。例如，运输有毒或易燃易爆的投入物时，若没有采取必要的安全保护措施，必然会对周围的环境造成一定影响。

（2）生产过程中产生的污染。在生产过程中产生的污水、废渣和有害气体，必然使空气、土壤和水质条件发生一定程度的恶化，如水力发电厂放出的含硫散发物对周围环境的污染。

（3）产出物产生的污染。对于工业中的有些产出物，目前有着严格的储运和使用规则，如果它的储运和使用没有控制措施或超过了规定的限度，就会对周围的环境产生不良的影响，如农药的使用与运输等。

（4）噪声污染。噪声越来越严重地干扰着人们的生活，对人和动物的健康产生了严重的危害。因此，要对建设项目未来的噪声污染给予足够重视，如机场会产生恼人的噪声和空气污染。

2）环境保护方案评估

在对环境保护方案进行评估时应抓住以下4个环节：

（1）审查环境影响报告书。

① 审查可行性研究阶段是否全面分析了项目建设对周围环境产生的影响，是否提出了环境影响报告书。

② 报告书是否经环保部门或有关部门审查批准。

③ 在报告书中是否提出了具体治理对策，应特别注意是否对生产过程中的污染源提出了科学可靠的控制方案。

（2）审查治理方案。

① 审查对投入物、燃料和原材料的使用是否安排了处理措施，是否采取了治理措施。

② 审查设计任务书中的治理技术是否合理可靠，经治理的各种污染物的排放量是否低于国家环保部门规定的排放量。

（3）审查建设总投资与总设计。

① 在总投资中是否包括了环保工程的相关投资，是否单独列项，来源有无保证。

② 在总体设计中是否坚持了环保工程与主体工程同时设计、同时施工、同时竣工使用的方针。

（4）分析环境保护的经济型。

环境保护的经济性是指为了治理环境所付出的经济代价与不治理环境而造成的经济损失之间的一种对照关系，通常用治理环境所获得的成效与所付出的代价之比等指标来衡量。一般来说，污染损失与治理环境所获得的效益都难以量化。因为，治理环境所带来的效益是多方面的，有的甚至被忽略或长期以后方能大范围表现出来。因此，如何正确评价环境保护的经济效益，还没有充分的依据。目前，对环境质量评价建立了各项标准，与生产活动密切相关的环境保护项目，是可以定量计算经济效益的。其计算公式为：

治理"三废"的经济效益＝"三废"回收利用后净收入÷治理"三废"投资额

或：

治理"三废"的经济效益＝"三废"回收利用后净收入－治理"三废"投资额

(4-2)

4.1.5　项目建设实施条件评估

项目建设实施条件主要指由选点、设计到施工过程中所必备的各项条件，包括厂址的自然条件、设计单位的技术力量、设备供应条件、施工时的水电供应条件、施工单位的技术与装备条件等。建设实施条件评估主要包括以下 3 个方面：

1）设计力量

承担项目设计的单位，其技术力量的强与弱不但关系到总体设计方案是否合理、初步设计和施工图设计能否满足建设的要求，还关系到设计出图的速度、设计质量的可靠性和设计方案在经济技术上的最优化。对设计单位技术力量评价就要对设计单位的性质进行分析，了解该设计单位的专业分工、设计人员及其专业特长、设计单位的信誉等。

2）设备供应

项目建设时，设备供应单位若不能保质按时提供所需设备，就会影响建设进度和正常生产。因此，项目所需设备的供应一定要落实，尤其是大型的特殊的设备。应预先对设备供应单位的制造和技术力量进行调查，以保证如期按质交货。

3）施工企业的素质

施工企业的素质如何，对保证建设进度和建设质量有重要影响。施工企业的素质主要指人员的技术水平、专业化程度和施工装备水平。大型、特殊工程在施工技术上有特殊要求的，应选择素质较高的专业施工企业承担工程建设，以保证施工质量和如期竣工。

4.2　工程项目建设技术评估

4.2.1　技术评估的原则与程序

1）技术评估的原则

（1）先进性原则。技术的先进性是指采用的技术应是先进技术，这种技术对项目的生产发展起主要作用，并在该领域具有国际水平或领先于我国现有技术水平。项目技术的先进性可通过各种技术经济指标体现出来，主要有劳动生产率、

99

单位产品的原材料消耗、能源消耗、质量指标、占地面积和运输量等。不同行业具有不同特点，所以又有不同的标准来衡量不同行业技术的先进性。所用的技术指标应与国内外同类型先进水平相比较，才能确定其先进程度。先进性原则要求比较全面，它不仅要求技术是先进的，而且要求技术基础参数是先进的，在要求主机先进的同时，也要求配套的辅机、配件先进。

（2）适用性原则。技术上的适用性是指所采用的技术必须适应其特定的自然条件、技术条件、经济条件、社会条件，企业可以迅速消化、吸收、投产，并能取得良好的经济效益。不同的技术可能会给企业带来不同的效益，但同一技术在不同的使用条件下效果也会不同。任何一项技术在实际应用时都要结合具体的条件，在选择技术时，要结合这些条件充分考虑其适用性。适用性较强的技术通常能合理利用资源，降低原材料，特别是能源的消耗，能改善产品结构，提高产品质量，同时也有利于充分发挥原有的技术装备和技术力量。在对项目技术方案进行评价时，还要注意分析是否和企业的技术管理水平相适应。

（3）经济性原则。经济性就是从经济效益的角度来考察评价项目技术方案，以最小的代价获得最大的收益。经济性原则可以体现为最大收益原则和最小成本原则。在评价时，要根据项目的具体情况，反复比较各种技术方案的经济效益。不仅要注意技术方案的单项效益，还要注意综合经济效益，除了考虑企业的微观效益外，还要考虑国民经济的宏观效益。

（4）安全性原则。安全性原则主要考虑所采用的技术是否会对操作人员造成人身伤害、有无保护措施、是否会破坏自然环境和生态平衡、能否采取策略减轻破坏等。对项目采用的工艺技术及设备的安全性，要从社会角度、劳动保护角度加以分析评价。

（5）合理性原则。在对技术进行选择时，应坚持合理性的原则。合理性要求从科学的角度去评价技术方案。它是保证项目投产后顺利进行生产，并实现项目技术目标的关键。技术方案的合理性主要体现在工艺流程、设备和专业化协作程度要合理，产品的产量与规模要合理等。

（6）可靠性原则。可靠性原则是指项目采用的技术方案必须是成熟的和可以依赖的，通过技术方案的实施能取得预期的经济效益。一般来说，一项技术的广泛应用应建立在多次试验成功并经权威机构认定的基础之上。如果一项技术不成熟，则会为将来埋下隐患，甚至造成不可估量的损失。从社会的角度来看，采用可靠性强的技术方案能防范和积极避免因技术方案而产生的资源浪费、生态失衡以及人类安全受危害等情况的发生。

六项原则虽然对不同行业和不同性质的项目侧重点不同，但它们是相互联系、相互制约的有机整体，应始终贯穿于技术方案的分析、评价和选择的过程中。

2）技术评估的程序

技术的评估是一项细致复杂，又很具专业性的工作，一般按下述程序进行：

（1）收集资料。资料的收集是项目技术方案评价的首要工作，资料的收集将会对技术评价能否顺利进行、评价的准确性产生非常重要的影响。一般来说，技术评价要收集的资料主要包括各种技术方案、可行性研究报告和基础技术资料等。技术方案在这里主要是指工艺技术方案和设备选择方案。可行性研究报告里包含着对项目准备采用的技术装备和生产工艺的论证分析，它能把技术评价和其他部分有机衔接起来。基础的技术资料主要是指工艺方案、工艺流程、工艺说明书以及设备性能说明书等，它们能为技术评价提供在生产过程中的各种技术条件和数据及技术参数。

（2）分析技术发展的趋势。项目的技术评价是对项目在整个寿命期内采用技术的可行性进行的分析。在对技术方案评价时，应分析技术发展的趋势，尽可能使项目的寿命期和技术的寿命期相匹配。

（3）明确技术评估的重点。评价人员应当对可能会产生重要影响的技术问题，如采用的技术是否达到国家规定的标准、是否与协作行业的技术发展水平相适应、是否影响生态环境等作为评价的重点。同时，也可以把项目存在的主要技术问题，如关键性零件的配置作为技术评价的主要问题。只有明确技术评价的重点，才能提高技术评价的工作效率。

项目技术方案的分析评价是项目可行性研究和评估的重要内容，它对项目的投资、投产后的生产成本，今后的经济和社会效益，以及项目的生存和竞争能力都会产生重大的影响。如果项目的技术不具备先进性、适用性、经济性、合理性，它就不可能带来较高的经济效益，甚至会造成巨大的浪费和损失。对拟建项目的技术评估，并不是技术可行性研究的重复，而是要在可行性研究的基础上，对可行性研究报告的技术分析部分内容再审查，通过比较来选择最佳的技术方案，然后分析财务和经济上的可行性。

4.2.2　技术评估的方法

1）技术经济综合指数评价

技术经济综合指数评价在评价替代现行技术（或称原方案）的各种技术方案

时常常被使用到。由于此法把技术因素与经济因素合在一起来考虑技术先进性程度，因此，其评价的可靠程度较高。此法的评价手段是采用技术经济综合指数这一指标，综合指数高的方案为技术先进性程度高的方案。综合指数的计算公式为：

$$R_i = \sqrt{X_i \cdot Y_i} \quad (i=1, 2, \cdots, n) \tag{4-3}$$

式中：R_i——方案 i 的技术经济综合指数；

X_i——方案 i 的技术评价系数值，大于 0.6 时，方案才可行；

Y_i——方案 i 的经济评价系数值。

2）评价工作程序

（1）用综合评分法先确定技术方案各评价项目的最高分值，然后对各技术方案评价项目进行评分，根据各评价项目的评分值，即可求得技术评价系数。综合评分方法见表4-9，技术评价系数按下式计算：

$$X_i = \frac{P_i}{P_{max}} \tag{4-4}$$

式中：P_i——技术方案 i 在各评价项目中的评价分数之和；

P_{max}——各评价项目的最高分之和；

其他符号意义同前。

综 合 评 分 方 法 表4-9

序号	技术性能评价项目	评分						最高分
		方案1	方案2	···	方案 i	···	方案 n	
1	（A）	3	4	···	3	···	3	4
2	（B）	3	3	···	4	···	3	4
3	（C）	4	3	···	3	···	4	4
4	（D）	3	3	···	2	···	3	4
5	（E）	3	3	···	4	···	3	4
6	（F）	4	3	···	4	···	3	4
7	（G）	4	4	···	4	···	4	4
8	（H）	4	4	···	4	···	3	4
评分	分数之和 P	28	27	···	28	···	26	$P_{max}=32$
	$X_i = \dfrac{P_i}{P_{max}}$	0.875	0.844	···	0.875	···	0.813	1.0

（2）计算各技术方案的经济评价系数。经济评价系数按下式计算：

$$Y_i = \frac{C_o - C_i}{C_o} \tag{4-5}$$

式中：C_o——原技术方案（现行技术）的成本；

C_i——新技术方案的估计成本。

其他符号意义同前。

技术方案经济评价系数见表4-10。

经济评价系数计算　　　　　表4-10

方案号	新方案名称	新方案估计成本 C_i	原方案估计成本 C_o	经济评价系数 $Y_i = C_o - C_i / C_o$
1	××××	12万元	15万元	0.20
2	××××	10万元	15万元	0.33
…	…	…	…	…
i	××××	13万元	15万元	0.13
…	…	…	…	…
n	××××	14万元	15万元	0.07

（3）计算方案的技术经济综合指数。根据表4-9和表4-10的数据计算的各技术方案的技术经济综合指数见表4-11。

技术经济综合指数计算　　　　　表4-11

方案号	新方案名称	技术评价系数 X_i	经济评价系数 Y_i	技术经济综合指 $R_i = \sqrt{X_i Y_i}$
1	××××	0.875	0.20	0.418
2	××××	0.844	0.33	0.528
…	…	…	…	…
i	××××	0.875	0.13	0.337
…	…	…	…	…
n	××××	0.813	0.07	0.239

（4）比较各方案技术经济综合指数的大小，其综合指数大的方案为优。如表4-11所示，技术方案2的综合指数最大，故认为方案2在所有新方案中的技术先进性程度最高，则方案2为最优方案。

4.2.3　设备选择评估的主要内容

设备评估在项目的技术评估中占有重要的位置，一般有以下6个方面。

1）设备的生产能力和工艺要求

即采用的设备要符合工艺的要求并具有较高的生产率，其生产能力应与拟建项目的设计生产能力相吻合。

从理论上讲，各工序、工段设备额定生产能力应等于投资项目的设计生产能力，即各工序、工段设备在相同时间全负荷生产，前道工序的产出量刚好等于后道工序的投入量。但在实际中，这种理想的生产能力配置是很难达到的。其主要原因是，拟建项目的设计生产能力是以项目主要设备的额定生产能力的要求配置的。因此，工艺过程中各工序之间的设备生产能力配置必然会产生差异。在评估时，要分析核定各工序确定的设备台（套）是否合理，比例是否恰当，以避免各工序之间设备额定生产能力相差太大。核定设备配置比例的方法如下。

（1）根据项目的设计能力和有关的设备资料，核定单台（套）设备的年生产能力，其计算公式为：

$$单台（套）设备生产能力=设备有效工作时间×设备单位时间× \\ 设备利用率 \tag{4-6}$$

（2）根据项目的设计生产能力和单台设备生产能力，核定工序应配置的设备台数，其计算公式为：

$$该设备应配置台（套）= \frac{项目设计生产能力}{单台(套)设备年生产能力} \tag{4-7}$$

经过上述计算，再结合项目实际情况进行分析，核实设备生产能力配置的合理比例和数量。

2）选择的设备具有较高的经济性

即在选择的设备能满足生产工艺对设备功能的要求的前提下，使设备所需的消耗指标低于或等于拟建项目规定的指标。设备的经济性可运用运营成本比较法和费用效率分析法计算确定。

（1）运营成本比较法。

设备的营运成本是工艺营运成本的主要部分，它包括原材料消耗、能源消耗、运转维修费、设备操作人员工资、设备折旧费等。

① 设备的原材料消耗，一般用原材料的利用率来表示。例如，可以根据原材料利用率，计算某台（套）原材料的耗费。

② 设备的能源消耗，一般以设备单位开动时间的能耗量来表示（如每小时

耗电量、耗油量等），也有的以单位产品的能源消耗量表示。

③ 设备的运转维护费用，是指设备的运转经常性费用、维修的材料和人工费。设备的运转经常性费用是指设备正常运转所需要的润滑油及零部件费用，可以根据有关资料获得。维修的材料费，可以根据设备维修的材料定额确定；维修的人工费可以根据由设备维修的复杂程度所决定的劳动量定额来确定。

④ 操作人员工资，可以根据设备营运时的折旧率获得。

⑤ 设备的折旧，以设备原值乘以规定的折旧率获得。

以上5项费用相加构成了设备的运营成本。在设备的其他功能相同的条件下，运营成本愈低，设备的经济性愈好。

（2）费用效率比较法。

$$费用效率（CE）= \frac{系统效率}{寿命周期费用} \qquad （4-8）$$

式中，系统效率是指设备的营运效益，可用销售收入、利润和生产效率等价值指标或功能指标衡量；而寿命周期费用包括设备购置安装费和生产营运费等总费用。经计算，应选择费用效率较高的设备，以保证设备的经济性。

在计算过程中，确定设备寿命周期费用比较容易，而确定系统效率则要复杂一些。一般来说，系统效率有两种不同的确定方法。

第一种是以设备产量这一综合要素作为系统效率。

例4-2 有3类能达到同一目标的设备，它们的系统效率可用综合要素"日产量"表示，其有关数据见表4-12。请比较各设备的经济合理性。

设备产量费用数据 表4-12

设 备 类 型	日产量（t/日）	寿命周期总费用（万元）
A	350	300
B	315	300
C	315	280

解：根据费用效率计算公式可得：

设备 A 的费用效率 = $\frac{350}{300}$ = 1.17

设备 B 的费用效率 = $\frac{315}{300}$ = 1.05

$$设备 C 的费用效率 = \frac{315}{280} = 1.125$$

计算结果表明，设备 A 的费用效率最高，因此，设备 A 最为经济合理。

第二种是难以计量的单项要素作为系统效率。其计算程序是：首先，确定各单项要素所占比例；其次，计算各项要素的权重值（权重值=要素×要素得分）；再次，汇总各设备选型方案的要素权重值，以此数据作为系统效率值；最后，计算各方案的费用效率。

例 4-3 某项目设备选型方案有 3 种，各设备的寿命周期费用分别是：设备 A12 万元，设备 B11 万元，设备 C11.5 万元。系统效率由 6 个单项要素组成，各要素的权重值计算见表 4-13。请比较各设备的经济合理性。

设备系统效率各要素权重值 表 4-13

序号	要素类别	权重（%）	设备 A			设备 B			设备 C		
			效率	得分	权重值	效率	得分	权重值	效率	得分	权重值
1	可靠性（成品率）	35	95%	9	3.15	90%	7	2.45	93%	8	2.8
2	安全性	15	安全	10	1.5	一般	6	0.9	较安全	7	1.05
3	耐用性（年）	25	10	6	1.5	14	9	2.25	12	8	2
4	环保性	15	良好	9	1.35	一般	8	1.2	一般	8	1.2
5	灵活性	10	好	10	1	一般	7	0.7	一般	7	0.7
6	合计	100		44	8.5		37	7.5		38	7.75

解： 根据表 4-13 所列数据和费用效率计算公式可得：

$$设备 A 的费用效率 = \frac{8.5}{12} = 0.71$$

$$设备 B 的费用效率 = \frac{7.5}{11} = 0.68$$

设备C的费用效率 $= \dfrac{7.75}{11.5} = 0.67$

计算结果表明，设备A最为经济合理。

3）设备的配套性

设备的配套性是指相关联设备、器具之间数量、各种技术指标和参数的吻合程度。按规模可分为单机配套、机组配套和项目配套。

单机配套是指一台机器中各种工具、附件、部件要配套齐全。机组配套是指一套机器的主机、辅机等设备要配备成套。

分析评估设备的配套性，既要研究设备数量的相互吻合程度，又要分析各个项目设备之间，设备与配套器具及辅助条件之间在技术水平上是否适应。

4）考虑拟选设备的使用寿命和维修性

考虑设备的使用寿命应结合项目所在地区的技术发展趋势和技术更新周期，对设备使用寿命的评估主要考虑3个方面的因素：

（1）设备的物质寿命。又称自然寿命，是指设备在使用过程中由于物理和化学的作用，导致设备报废而退出生产领域所经历的时间。

（2）设备的技术寿命。又叫设备的技术老化周期，是指设备从开始使用，直至因技术落后而被淘汰为止所经历的时间。

（3）设备的经济寿命。是指设备在经济上的合理使用年限，是由设备的使用费决定的。当设备使用到一定阶段或一定程度时，零部件陈旧老化需要高额的使用费来延长其寿命，导致投入大于产出，经济上不合算。因此，需要根据设备的使用费用多少来确定设备的经济寿命，起计算公式如下：

$$设备的经济寿命 = \sqrt{\dfrac{2 \times 设备原始值（元）}{设备使用费年递增额（元）}} \tag{4-9}$$

评估设备的寿命时，只能对项目的主要设备进行分析研究，在其他条件相同的情况下，设备的寿命期愈长，其经济性愈好。

对设备的维修性的评估主要分析设备维修的难易性，应选择具有易接近性、易装拆性、零部件标准化和互换性好、维修性能较强的设备，这样不仅能缩短修理时间，提高设备利用率，还可大大降低修理费用，保证设备正常运行。

5）设备安全可靠性

设备可靠性是指设备在规定时间内和规定条件下，完成规定功能的能力，一般用可靠性来衡量。选择有较高可靠度的设备，可以满足生产工艺要求，连续不断生产出高质量的产品，避免设备故障可能带来的重大经济损失和人身事故。

在选择设备时，还应注意选择那些噪声小、配套有治理"三废"附属装置的设备，以利环境保护。特别在选择石化、印染、造纸等工业的设备时，要注意其生产时对环境的污染情况和治理污染的附属设备的可靠程度。

6）对引进国外设备的评估

对从国外引进的设备，应持慎重态度，事先应做广泛的调查或咨询（如有关厂家的资信状况和技术力量）。一般只引进国内尚未能制造的关键设备以及化解技术难题的有关专利和技术资料，国内能解决的尽量由国内解决；引进设备时还要考虑拟引进设备的性能如何，是否属于重复引进，是否适应我国的国情（特别是原材料是否符合要求，以及操作、维修特殊辅助设备和配套设备等问题）。若非成套引进或非从一家公司引进，那么协调配套问题就显得非常重要。引进并不只限于"硬件"，"软件"（即引进设备安装调试、操作、维修、质量检验等所必需的技术资料）应随同设备一起引进，不得漏缺。并从节约外汇的角度，采用国际竞争性招标的方式，择优选购国内必需的关键性设备。

📖 本章要点

项目建设条件评估主要是指对项目本身的建设施工条件的评估，其内容包括厂址选择条件的评估、工程地质水文地质条件的评估、环保方案的评估以及项目建设实施条件的评估。

项目的技术方案直接决定着产品方案、生产规模和生产效率，对产品质量、数量、生产成本和经济效益将产生重要影响。项目技术评估是进行项目经济效益评价的前提条件，是对投资项目所采用的生产工艺、选用的设备以及技术措施等进行的分析、评价。

技术评估应遵循的基本原则有先进性原则、适用性原则、经济性原则、安全性原则、合理性原则以及可靠性原则。

技术评估的程序为收集资料、分析技术发展的趋势、明确技术评估的重点。

技术评估的方法为技术经济综合指数评价，步骤一般为：求得技术评价系数、计算各技术方案的经济评价系数、计算方案的技术经济综合指数及比较各方案技术经济综合指数的大小,其综合指数大的方案为优。

设备选择评估的主要内容为设备的生产能力和工艺要求、选择的设备具有较高的经济性、设备的配套性、考虑拟选设备的使用寿命和维修性、设备安全可靠性及对引进国外设备的评估。

📋 本章习题

1. 如何为项目选择建厂地区?

2. 厂址选择需要考虑哪些条件?方法有哪些?

3. 项目建设条件评估包括哪些内容?

4. 简述项目技术评估的必要性及在整个项目评估中的地位和作用。

5. 简述项目技术评估的原则。

6. 简述项目技术评估的一般程序。

7. 分析项目技术评估的关键点是什么?

8. 简述项目工艺设备选择评估的内容。

第5章　工程项目投资估算与资金筹措

1. 掌握总投资的概念及其组成内容。
2. 掌握静态投资、动态投资的估算方法。
3. 熟练计算项目的总投资。
4. 掌握公路工程项目投资估算指标使用及指标调整方法。
5. 了解公路工程项目投资估算文件编制。
6. 掌握项目融资方案的评价方法与评价指标。

学习准备

学习本章内容前应掌握建设期贷款利息、涨价预备费等基本费用计算方法，掌握关于定额、指标以及造价文件编制的基本知识并能够灵活运用。

5.1　项目总投资及其构成

5.1.1　项目总投资的概念及其构成

1）项目总投资的概念

项目总投资是指投资项目从前期准备工作开始到项目全部建成投产为止所发生的全部投资费用。它应该反映投资项目从项目设想到建设期末的全部实际投资总额。

从项目评价的角度来看，为使评价结果科学准确，严格地说，凡是与投资项目直接有关的支出费用均应包括在项目总投资内。项目前期准备工作的第一步是编制项目建议书，因此，项目总投资应以编制建议书作为起始费用开始，以项目

110

全部竣工、验收合格以及正式投产为止计算所发生的全部费用。要从项目自身的
需要出发，本着投资充足的原则估算项目总投资。

2）项目总投资的构成

建设项目总投资从项目评价的需要出发，按照最终形成生产资料的不同作
用，可以分为建设投资和流动资金投资两大部分，如图 5-1 所示。

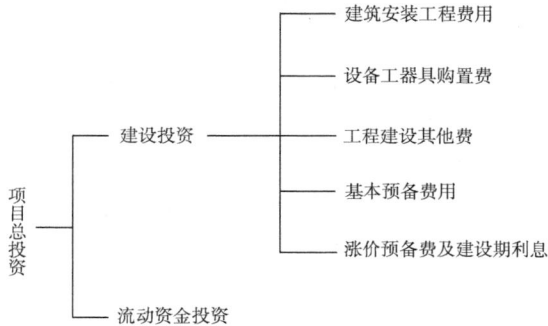

图 5-1　项目总投资的构成

项目总投资中，建设投资是按照国家规定列入固定资产投资计划、规模的投
资数额，凡是与建设投资有关的各项预计费用都应当列入，如图 5-1 所示。流动
资金投资是指项目建成投产后，为保证项目正常生产经营的需要垫支于劳动对象
和工资等方面的资金。

5.1.2　项目投资估算的要求

建设项目决策分析与评价阶段一般可分为投资机会研究、初步可行性研究
（项目建议书）、可行性研究以及项目前评估 4 个阶段。由于不同阶段的工作深度
和掌握的资料详略程度不同，在建设项目决策分析与评价的不同阶段，允许投资
估算的深度和准确度有所差别。随着工作的进展，项目条件的逐步明确，投资估算
应逐步细化，准确度应逐步调整，从而对项目总投资起到有效的控制作用。建设项
目决策分析与评价的不同阶段对投资估算的准确度要求（即允许误差率）见表 5-1。

建设项目决策分析与评价的不同阶段对投资估算准确度的要求　　　表 5-1

序　号	建设项目决策分析与评价的不同阶段	投资估算的允许误差率
1	投资机会研究阶段	±30% 以内
2	初步可行性研究（项目建议书）阶段	±20% 以内

续上表

序　号	建设项目决策分析与评价的不同阶段	投资估算的允许误差率
3	可行性研究阶段	±10%以内
4	项目初步设计阶段	±10%以内

尽管投资估算在具体数额上允许存在一定的误差，但必须达到以下要求：

（1）估算的范围应与项目建设方案所涉及的范围、所确定的各项工程内容相一致。

（2）估算的工程内容和费用构成齐全，计算合理，不提高或者降低估算标准，不重复计算或者漏项少算。

（3）估算应做到方法科学、基础资料完整与依据充分。

（4）估算选用的指标与具体工程之间存在标准或者条件差异时，应进行必要的换算或调整。

（5）估算的准确度应能满足建设项目决策分析与评价不同阶段的要求。

5.1.3　投资估算的依据与作用

1）建设投资估算的基础资料与依据

建设投资估算的基础资料与依据包括以下5个方面：

（1）专门机构发布的建设工程造价费用构成、估算指标、计算方法，以及其他有关工程造价的文件；

（2）专门机构发布的工程建设其他费用估算办法和费用标准，以及有关机构发布的物价指数；

（3）部门或行业制定的投资估算办法和估算指标；

（4）拟建项目所需设备、材料的市场价格；

（5）拟建项目建设方案确定的各项工程建设内容及工程量。

2）投资估算的作用

（1）投资估算是投资决策的依据之一。项目决策分析与评价阶段投资估算所确定的项目建设与运营所需的资金量，是投资者进行投资决策的依据之一。投资者要根据自身的财力和信用状况作出是否投资的决策。

（2）投资估算是制定项目融资方案的依据。项目决策分析与评价阶段投资估算所确定的项目建设方案与运营所需的资金量，是项目制定融资方案、进行资金筹措的依据。投资估算准确与否，将直接影响融资方案的可靠性，直接影响各类资金在币种、数量和时间要求上能否满足项目建设的需要。

（3）投资估算是进行项目经济评价的基础。经济评价是对项目的费用与效益作出全面的分析评价，项目所需投资是项目费用的重要组成部分，是进行经济评价的基础。投资估算准确与否，将直接影响经济评价的可靠性。在投资机会研究和初步可行性研究阶段，虽然对投资估算的准确度要求相对较低，但投资估算仍然是该阶段的一项重要工作。投资估算完成之后才有可能进行经济效益的初步评价。

（4）投资估算是编制初步设计概算的依据，对项目的工程造价起控制作用。按照项目建设程序，应在可行性研究报告被审定或批准之后进行初步设计。经审定或批准的可行性研究报告是编制初步设计的依据，报告中所估算的投资额是编制初步设计概算的依据。按照建设项目决策分析与评级的不同阶段所要求的内容和深度，完整、准确地进行投资估算是项目决策分析与评价必不可少的工作。

5.2 项目投资估算方法

5.2.1 建设投资估算方法

投资估算是项目决策的重要依据之一。在整个投资决策过程中，要对建设工程造价进行估算，在此基础上研究是否建设。投资估算要保证必要的准确性，如果误差太大，必将导致决策的失误。因此，准确、全面地估算建设项目的工程造价，是项目可行性研究乃至整个建设项目投资决策阶段造价管理的重要任务。

1）建设投资估算的内容

建设投资估算的内容按照费用的性质划分，包括设备及工器具购置费、建筑安装工程费用、工程建设其他费用（此时不包含铺底流动资金）、预备费（分为基本预备费和涨价预备费）、建设期贷款利息及固定资产投资方向调节税。

除了建设期贷款利息、涨价预备费和固定资产投资方向调节税之外，上述其他费用的估算构成了固定资产静态投资估算。

2）建设投资估算的编制方法

（1）建设投资估算方法。

纵观国内外常见的投资估算方法，其中有的适用于整个项目的投资估算，有的适用于一套装置的投资估算。为提高投资估算的科学性和精确性，应按项目的

113

性质、技术资料和数据的具体情况，有针对性地选用适宜的方法。

① 静态投资的估算方法。

a.资金周转率法。

这是一种用资金周转率来推测投资额的简便方法。其公式如下：

$$资金周转率 = \frac{年销售总额}{总投资} = \frac{产品的年产量 \times 产品单价}{总投资} \tag{5-1}$$

$$投资额 = \frac{产品的年产量 \times 产品单价}{资金周转率} \tag{5-2}$$

国外化学工业的资金周转率近似为1.0，生产合成甘油的化工装置的资金周转率为1.41。

拟建项目的资金周转率可以根据已建相似项目的有关数据进行估计，然后根据拟建项目的预计产品的年产量及单价，进行估算拟建项目的投资额。

这种方法比较简便，计算速度快，但精确度较低，可用于投资机会研究及项目建议书阶段的投资估算。

b.生产能力指数法。

这种方法根据已建成的、性质类似的建设项目或生产装置的投资额和生产能力及拟建项目或生产装置的生产能力估算拟建项目的投资额。计算公式为：

$$C_2 = C_1 \left(\frac{Q_2}{Q_1} \right)^n \cdot f \tag{5-3}$$

式中：C_1——已建类似项目或装置的投资额；

C_2——拟建项目或装置的投资额；

Q_1——已建类似项目或装置的生产能力；

Q_2——拟建项目或装置的生产能力；

f——不同时期、不同地点的定额、单价、费用变更等的综合调整系数；

n——生产能力指数，$0 < n < 1$。

若已建类似项目或装置的规模和拟建项目或装置的规模相差不大，生产规模比值为 $0.5 \sim 2$，则指数 n 的取值近似为1。

若已建类似项目或装置与拟建项目或装置的规模相差不大于50倍，且拟建项目规模的扩大仅靠增大设备规模来达到时，则 n 的取值在 $0.6 \sim 0.7$ 之间；若靠增加相同规格设备的数量达到，则 n 的取值在 $0.8 \sim 0.9$ 之间。

采用这种方法，计算简单、速度快；但要求类似工程的资料可靠，条件基本相同，否则误差就会增大。

例 5-1　已知建设年产 300kt 乙烯装置的投资额为 60000 万元，试估计建设年产 70 万 t 乙烯装置的投资额。（生产能力指数 $n=0.6$，$f=1.2$）

解：　$C_2 = C_1 \left(\dfrac{Q_2}{Q_1} \right)^n \cdot f = 6000 \times \left(\dfrac{70}{30} \right)^{0.6} \times 1.2 = 11970.673$（万元）

例 5-2　若将设计中的化工生产系统的生产能力提高两倍，试估计投资额的增加量。（生产能力指数 $n=0.6$，$f=1$）

解：　$\dfrac{C_2}{C_1} = \left(\dfrac{Q_2}{Q_1} \right)^n = \left(\dfrac{3}{1} \right)^{0.6} = 1.9$

计算结果表明，生产能力提高两倍，投资额增加 90%。

---

c. 比例估算法。

比例估算法又分为以下两种。

a）以拟建项目或装置的设备费为基数，根据已建成的同类项目或装置的建筑安装费和其他工程费用等占设备价值的百分比，求出相应的建筑安装费及其他工程费用等，再加上拟建项目的其他有关费用，其总和即为项目或装置的投资。计算公式如下：

$$C = E(1 + f_1 p_1 + f_2 p_2 + f_3 p_3 + \cdots) + I \tag{5-4}$$

式中：　　　　C——拟建项目或装置的投资额；

　　　　　　　E——根据拟建项目或装置的设备清单按当时当地价格计算的设备费（包括运杂费）的总和；

$p_1, p_2, p_3, \cdots$——已建项目中建筑、安装及其他工程费用等占设备费百分比；

$f_1, f_2, f_3, \cdots$——由于时间因素引起的定额、价格、费用标准等变化的综合调整系数；

　　　　　　　I——拟建项目的其他费用。

b）以拟建项目中的最主要、投资比重较大并与生产能力直接相关的工艺设备的投资（包括运杂费及安装费）为基数，根据同类型的已建项目的有关统计资料，计算出拟建项目的各专业工程（总图、土建、暖通、给排水、管道、电气及电信、自控及其他工程费用等）占工艺设备投资的百分比，据以求出各专业的投资，然后把各部分投资费用（包括工艺设备费）相加求和，再加上工程其他有关费用，即为项目的总费用。其表达式为：

$$C = E(1 + f_1 p_1' + f_2 p_2' + f_3 p_3' + \cdots) + I \tag{5-5}$$

式中：$f_1 p_1', f_2 p_2', f_3 p_3', \cdots$——各专业工程费用占工艺设备费用的百分比。

d. 系数估算法。

a）朗格系数法。这种方法是以设备费为基础，乘以适当系数来推算项目的建设费用。基本公式为：

$$D = C \cdot (1 + \sum K_i) \cdot K_C \tag{5-6}$$

式中：D——总建设费用；

C——主要设备费用；

K_i——管线、仪表、建筑物等项费用的估算系数；

K_C——管理费、合同费、应急费等间接费在内的总估算系数。

总建设费用与设备费用之比为朗格系数 K_L。即：

$$K_L = C \cdot (1 + \sum K_i) \cdot K_C \tag{5-7}$$

b）设备与厂房系数法。对于一个生产性项目，如果设计方案已确定了生产工艺，且初步选定了工艺设备并进行了工艺布置，就有了工艺设备的重量及厂房的高度和面积，则工艺设备投资和厂房土建的投资就可分别估算出来。项目的其他费用，与设备关系较大的按设备投资系数计算，与厂房土建关系较大的则以厂房土建投资系数计算，两类投资加起来就得出整个项目的投资。

例 5-3　650 mm 中型轧钢车间的工艺设备投资和厂房土建投资已经估算出来，其各专业工程的投资系数如下：

（1）与设备有关的专业投资系数见表 5-2。

与设备有关的专业投资系数　　　　　　　　　　　　表 5-2

指　标	系　数	指　标	系　数
工艺设备	1	余热锅炉	0.04
起重运输设备	0.09	供电及传动	0.18
加热炉及烟囱烟道	0.12	自动化仪表	0.02
汽化冷却	0.01	系数合计	1.46

（2）与厂房土建有关的专业投资系数见表5-3。

与厂房土建有关的专业投资系数   表5-3

指　标	系　数	指　标	系　数
厂房土建 （包括设备基础）	1	工业管道	0.01
给排水工程动机	0.04	电气照明	0.01
采暖通风	0.03	系数合计	1.09

求整个车间的投资额：

解：整个车间投资=设备及安装费×1.46+厂房土建（包括设备基础）×1.09

c）指标估算法。根据编制的各种具体的投资估算指标，进行单位工程投资的估算。投资估算指标的表示形式较多，如以元/m、元/m²、元/m³、元/t、元/（kV·A）表示。根据这些投资估算指标，乘以所需的面积、体积、容量等，就可以求出相应的土建工程、给排水工程、照明工程、采暖工程以及交配电工程等各单位工程的投资。在此基础上，可汇总成某一单项工程的投资。另外再估算工程建设其他费用及预备费，即求得所需的投资。对于房屋、建筑物等投资的估算，经常采用指标估算法，以元/m²或元/m³表示。

采用这种方法时，要根据国家有关规定、投资主管部门或地区颁布的估算指标，结合工程的具体情况编制。需要注意的有：若套用的指标与具体工程之间的标准或条件有差异时，应加以必要的换算或调整；使用的指标单位应密切结合每个单位工程的特点，能正确反映其设计参数，切勿盲目地单纯套用一种单位指标。

需要指出的是静态投资的估算，要按某一确定的时间来进行，一般以开工的前一年为基准年，以这一年的价格为依据计算，否则就会失去基准作用，影响投资估算的准确性。

② 涨价预备费、建设期贷款利息及固定资产投资方向调节税的估算。

a.涨价预备费。

涨价预备费的估算所采用的公式为：

$$PF = \sum_{t=0}^{n} I_t \times \left[(1+f)^t - 1 \right] \tag{5-8}$$

117

式中：PF——涨价预备费估算额；

I_t——建设期中第 t 年的投资计划额（按建设期前一年价格水平估算）；

n——建设期年份数；

f——年平均价格预计上涨率。

b.建设期贷款利息。

建设期贷款利息包括向国内银行和其他非银行金融机构贷款、出口信贷、外国政府贷款、国际商业银行贷款以及在境内外发行的债券等在建设期间内应偿还的借款利息。建设期借款利息实行复利计算。

a）对于贷款总额一次性贷出且利率固定的贷款，按下列公式计算：

$$F = P \cdot (1 + i)^n \tag{5-9}$$

$$贷款利息 = F - P$$

式中：P—— 一次性贷款金额；

F——建设期还款时的本利和；

i——年利率；

n——贷款期限。

b）当总贷款是分年均衡发放时，建设期利息的计算可按当年借款在年中支用考虑，即当年贷款按半年计息，上年贷款按全年计息。计算公式为：

$$q_j = \left(p_{j-1} + \frac{1}{2} A_j \right) \cdot i \tag{5-10}$$

式中：q_j——建设期第 j 年应计利息；

p_{j-1}——建设期第 $j-1$ 年末贷款累计金额与利息累计金额之和；

A_j——建设期第 j 年贷款金额；

i——年利率。

国外贷款利息的计算中，还应包括国外贷款银行根据贷款协议向货款方以年利率的方式收取的手续费、管理费、承诺费以及国内代理机构经国家主管部门批准的以年利率的方式向贷款单位收取的转贷费、担保费以及管理费等。

c.固定资产投资方向调节税。

为了贯彻国家产业政策，控制投资规模，引导投资方向，调整投资结构，加强重点建设，促进国民经济持续稳定协调发展，对在我国境内进行固定资产投资的单位和个人（不含中外合资经营企业、中外合作经营企业和外商独资企业）征收固定资产投资方向调节税（简称投资方向调节税）。

a）税率。投资方向调节税的税率，根据国家产业政策和项目经济规模实行差别税率，税率为0%、5%、10%、15%、30%五个档次。差别税率按两大类设计：一是基本建设项目投资；二是更新改造项目投资。对前者设计了4档税率，即0%、5%、15%、30%；对后者设计了两档税率，即0%、10%。

b）计税依据。投资方向调节税以固定资产投资项目实际完成投资额为计税依据。实际完成投资额包括设备及工器具购置费、建筑安装工程费、工程建设其他费用及预备费。但更新改造项目是以建筑工程实际完成的投资额为计税依据。

c）计税方法。首先，确定单位工程应纳税投资完成额；其次，根据工程的性质及划分的单位工程情况，确定单位工程的适用税率；最后，计算各个单位工程应纳的投资方向调节税税额，将各个单位工程应纳的税额汇总，即得出整个项目的应纳税额。

d）缴纳方法。投资方向调节税按固定资产投资项目的单位工程年度计划投资额预缴，年度终了后，按年度实际完成投资额结算，多退少补。项目竣工后，按应征收投资方向调节税的项目及其单位工程的实际完成投资额进行清算，多退少补。

d. 汇率变化对涉外建设项目动态投资的影响及其计算方法。

汇率是两种不同货币之间的兑换比率，或者说是以一种货币表示的另一种货币的价格，汇率的变化意味着一种货币相对于另一种货币的升值或贬值。在我国，人民币与外币之间的汇率采取以人民币表示外币价格的形式给出，如1美元=6.811元人民币。由于涉外项目的投资中包含人民币以外的币种，需要按照相应的汇率把外币投资额换算为人民币投资额，所以汇率变化就会对涉外项目的投资额产生影响。

a）外币对人民币升值。项目从国外市场购买设备材料所支付的外币金额不变，但换算成人民币的金额增加；从国外借款，本息所支付的外币金额不变，但换算成人民币的金额增加。

b）外币对人民币贬值。项目从国外市场购买设备材料所支付的外币金额不变，但换算成人民币的金额减少；从国外借款，本息所支付的外币金额不变，但换算成人民币的金额减少。

估计汇率变化对建设项目投资的影响大小，是通过预测汇率在项目建设期内的变动程度，以估算年份的投资额为基数，计算求得。

5.2.2 流动资金估算方法

铺底流动资金是保证项目投产后，能正常生产经营所需要的最基本的周转资金数额。铺底流动资金是项目总投资中的一个组成部分，在项目决策阶段，这部分资金就要落实。铺底流动资金的计算公式为：

$$铺底流动资金 = 流动资金 \times 30\% \tag{5-11}$$

这里的流动资金是指建设项目投产后为维持正常生产经营用于购买原材料、燃料、支付工资及其他生产经营费用等所必不可少的周转资金。它是伴随着固定资产投资而发生的永久性流动资产投资，等于项目投产运营后所需全部流动资产扣除流动负债后的余额。其中，流动资产主要考虑应收账款、现金和存货；流动负债主要考虑应付和预收款。由此看出，这里所解释的流动资金的概念，实际上就是财务中的营运资金。

1）扩大指标估算法

扩大指标估算法是按照流动资金占某种基数的比率来估算流动资金。一般常用的基数有销售收入、经营成本、总成本费用和固定资产投资等，究竟采用何种基数依行业习惯而定。所采用的比率根据经验确定，或根据现有同类企业的实际资料确定，或依行业、部门给定的参考值确定。扩大指标估算法简便易行，但准确度不高，适用于项目建议书阶段的估算。

（1）产值（或销售收入）资金率估算法。

$$流动资金额 = 年产值（年销售收入额）\times 产值（销售收入）资金率 \tag{5-12}$$

例5-4 某项目投产后的年产值为1.5亿元，其同类企业的百元产值流动资金占用额为17.5元，求该项目的流动资金估算额。

解：该项目的流动资金估算额为：15000×17.5/100=2625（万元）。

（2）经营成本（或总成本）资金率估算法。

经营成本是一项反映物质、劳动消耗和技术水平、生产管理水平的综合指标。一些工业项目，尤其是采掘工业项目常用经营成本（或总成本）资金率估算流动资金。

$$流动资金额 = 年总成本 \times 经营成本资金率 \tag{5-13}$$

（3）固定资产投资资金率估算法。

固定资产投资资金率是流动资金占固定资产投资的百分比。如化工项目流动资金占固定资产投资的15%～20%，一般工业项目流动资金占固定资产投资的5%～12%。

$$流动资金额=固定资产投资×固定资产投资资金率 \tag{5-14}$$

（4）单位产量资金率估算法。

单位产量资金率，即单位产量占用流动资金的数额，如每吨原煤4.5元。

$$流动资金额=年生产能力×单位产量资金率 \tag{5-15}$$

2）分项详细估算法

分项详细估算法也称分项定额估算法。它是国际上通行的流动资金估算方法，按照下列公式分项详细估算。

$$流动资金=流动资产-流动负债 \tag{5-16}$$
$$流动资产=现金+应收及预付账款+存货 \tag{5-17}$$
$$流动负债=应付账款+预收账款 \tag{5-18}$$
$$流动资金本年增加额=本年流动资金-上年流动资金 \tag{5-19}$$

流动资产和流动负债各项构成估算公式如下：

（1）现金的估算。

$$现金 = \frac{年工资及福利费 + 年其他费用}{周转次数} \tag{5-20}$$

$$其他费用 = 制造费用 + 管理费用 + 财务费用 + 销售费用 -$$
$$以上4项费用中所包含的工资及福利费、折旧费、$$
$$维修费、摊销费、修理费和利息支出$$
$$\tag{5-21}$$

$$周转次数 = \frac{360天}{最低需要周转天数} \tag{5-22}$$

（2）应收（预付）账款的估算。

$$应收账款 = \frac{年经营成本}{周转次数} \tag{5-23}$$

（3）存货的估算。

存货包括各种外购原材料、燃料、包装物、低值易耗品、在产品、外购商品、协作件、自制半成品和产成品等。在估算中的存货一般仅考虑外购原材料、燃料、在产品、产成品，也可考虑备品备件。

121

$$外购材料燃料 = \frac{年外均原材料燃料费用}{周转次数} \qquad (5-24)$$

$$在产品 = \frac{\begin{array}{c}年经营原材料燃料及动力费 + 年工资及福利费 + \\ 年修理费 + 年其他制造费用\end{array}}{周转次数} \qquad (5-25)$$

$$产成品 = \frac{年经营成本}{周转次数} \qquad (5-26)$$

（4）应付（预收）账款的估算。

$$应付账款 = \frac{年外购原材料燃料动力和商品备件费用}{周转次数} \qquad (5-27)$$

流动资金估算应注意以下问题：

① 在采用分项详细估算法时，需要分别确定现金、应收账款、存货和应付账款的最低周转天数。在确定周转天数时要根据实际情况，并考虑一定的保险系数。对于存货中的外购原材料、燃料要根据不同品种和来源，考虑运输方式和运输距离等因素确定。

② 不同生产负荷下的流动资金是按照相应负荷时的各项费用金额和给定的公式计算出来的，而不能按100%负荷下的流动资金乘以负荷百分数求得。

③ 流动资金属于长期性（永久性）资金，流动资金的筹措可通过长期负债和资本金（权益融资）方式解决。流动资金借款部分的利息应计入财务费用。项目计算期末收回全部流动资金。

5.3 资金筹措方案评价

5.3.1 工程项目资金来源分析与评估

投资资金需求主要是依靠适当的资金来源渠道和筹措方案予以满足。资金来源分析主要是分析可行性研究报告中提出的各种资金来源是否正当、合理以及可靠，以探索更为有利的资金渠道。

按照我国现行财税制度，在项目资金筹措阶段，建设项目所需要的资金总额主要由自有资金、赠款和借入资金三部分组成，详见图5-2。

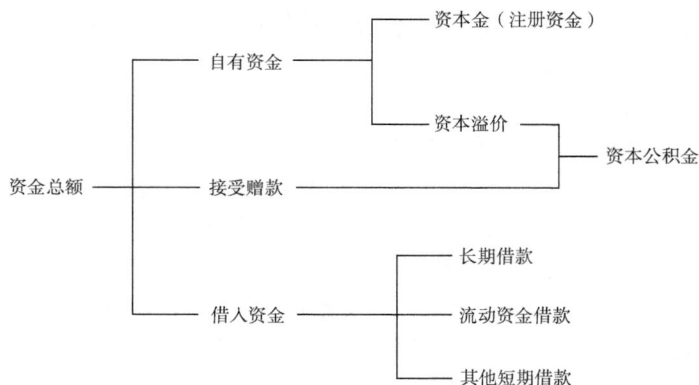

图 5-2　建设项目资金来源构成图

1）自有资金的来源渠道

自有资金是指投资者缴付的出资额，包括资本金和资本溢价。资本金是指新建项目设立企业时在工商行政管理部门登记的注册资金。根据投资主体的不同，资本金可分为国家资本金、法人资本金、个人资本金及外商资本金等。资本溢价是指在资金筹集过程中，投资者缴付的出资额超出资本金的差额。接受捐赠款也是项目的资金来源之一，但仅限于极少数项目。赠款是一种投资，形成企业权益的增加，捐赠的资产价值作为投资各方的共有财产，与资本溢价一起构成资本公积金，属于企业所有者权益。资本公积金是一种资本储备形式，可以按照法定程序转赠资本金。

项目货币资本金的资金来源一般有以下4种：

（1）各级政府的财政预算内资金，国家批准的各种专项建设基金，"拨改贷"的经营性基本建设基金回收的本息、土地批租收入、国有企业产权转让收入、地方政府按国家规定收取的各种规定费用及其他预算外资金。

（2）国家授权的投资机构及企业法人的所有者权益（包括资本金、资本公积金、盈余公积金、未分配利润以及股票上市收益等）、企业折旧资金，以及投资者按照国家规定从资本市场上筹措的资金（如发行股票和可转换债券）。

（3）社会个人合法所得的资金。

（4）国家规定的其他可以用作投资项目资本金的资金。

2）借入资金的来源渠道

相对于自有资金而言，借入资金是需要还本付息的资金。它的来源渠道很多，大致可分为外汇和人民币两类主要来源渠道。

（1）外汇资金的主要来源渠道。

主要有国际金融组织贷款（如世界银行和亚洲开发银行贷款）、出口信贷（包括买方和卖方信贷）、外国政府贷款（如日本政府和科威特基金贷款）、外国银行商业贷款及银团贷款、国内金融机构的外汇贷款、调剂外汇、国际融资租赁、补偿贸易、外商直接投资、发行海外债券等资金来源。

（2）人民币资金的主要来源渠道。

主要有国家政策性银行（如国家开发银行、中国农业发展银行以及中国进出口银行等的政策性投资），国有商业银行和其他商业银行贷款（如建设银行、工商银行以及农业银行等国家专业银行），交通银行、中信实业银行、光大银行、招商银行以及城市合作银行等股份制商业银行，非银行金融机构贷款，国内发行债券，国内融资租赁，地方财政贷款，以及其他法人以联营形式投入需偿还的资金等资金来源。

（3）对资金来源的落实情况评估。

① 考虑资金来源的可靠性。要评估资金来源渠道的可靠程度，可以从不同资金来源对不同性质项目的不同限制条件和优惠政策进行分析，还应依据资金供需单位双方签订的书面协议来保证资金来源的可靠性。

② 资金渠道的合法性。项目各项资金来源，必须符合国家有关政策规定，以免造成投资的风险，而且应按国家有关政策合理使用，提高投资效益。

③ 筹资数量的保证性。每个项目投资可以有多种资金来源，应逐项落实筹资金额的数量，以保证项目总投资额不留缺口，保证全部落实总资金的需求量，有利于顺利地按规定期限完成建设项目和减少投资成本。

④外资附加条件的可接受性。主要是对利用外资项目，应特别注意在筹集外资过程中，外方提出的附加条件是否有损于我国主权的原则问题，必须坚持原则正确抉择。

5.3.2　资金筹措方案的综合分析评估

资金筹措是指根据对项目投资估算的结果，研究落实资金来源渠道和资金筹措方式，从中选择获取最方便、使用安排最合理、条件最优惠以及资金成本最低廉的筹资方案。对筹资方案的优选应从以下4个方面分析评估。

1）筹资结构的分析评估

在分析各筹资方案的组合结构中，重要的是考虑自有资金与借款资金的比例。自有资金（或股本）与借款资金是两种性质不同的资金，自有资金经过经营而分取利润，借款资金用以经营后要按期还本付息。通常情况下，当投资项目的收益率高于借款利率时，企业通过适度举债，可以提高企业的自有资金利润率，但借款太多，也必然承担更大的利息负担，一旦企业经营不利，其利息负担将难以承受。因此，为了降低投资风险，减轻企业的负债，必须按照我国投资项目资本金制度要求合理安排自有资金与借款资金的比例。在筹资结构的分析评价中，应检查两种资金的比例是否满足银行和国家的规定。在项目负债经营时，必须保证投资收益率要高于资金成本；负债多少要与企业资金结构及偿债能力相适应。

2）筹资数量及投放时间的分析评估

在筹资方案评估中，对投资需要量的测算，应从市场价格变化、筹资费用以及建设期借款利息等方面进一步分析核查，评价筹措的资金数量能否保证建设方案的顺利进行。同时，要注意年度资金的投入量，以便合理安排资金投入和回收，减少资金占用，加快资金周转。

3）利率和汇率风险分析评估

特别是项目的国外借款筹资方案，应重点对国外借款利率与汇率的变化可能引起项目投资效益下降的风险进行分析。充分估计利率与汇率的变化趋势，选择理想的筹资方案，避免重大的风险和损失。

4）筹资成本分析评估

企业筹资不能无偿使用，需付出一定代价。资金成本就是企业使用资金所需支付的费用，包括资金占用费用和资金的筹集费用。资金占用费用包括股息、利息以及资金占用税等；资金筹集费用是指资金筹措过程中所发生的费用，包括注册费、代办费、手续费以及承诺费等。资金成本一般用资金成本率来表示，它是企业使用资金所负担的成本费用与筹集资金的净额之比率，表达式为：

$$资金成本率 = \frac{资金占用费用}{筹集资金总额 - 资金筹集费用} \times 100\% \qquad (5\text{-}28)$$

资金成本是选择资金来源，拟定筹资方案的依据。不同的筹资方式，其资金成本各不相同，分析比较各种资金来源的成本，合理调整资本结构，就可达到以最低的综合资金成本筹集到项目所需资金的目的。

（1）借贷资金成本。

借贷资金一般采取银行借款、公司债券等形式，但无论哪种形式都要按照契约利率（即借据或债券上所注明的利率）向资金借出者支付报酬，故借贷资金的成本主要来自利息的支出。

所以借贷资金的成本率，即公司为借贷资金支付的实际利率为：

$$K_a = i(1 - T) \tag{5-29}$$

式中：K_a——借贷资金成本率；

$\quad\quad i$——契约利率；

$\quad\quad T$——所得税率。

（2）股票筹资的成本。

当企业通过发行股票筹资时，股东将以购买股票方式投资，并以股利形式获得报酬，所以股利是计算股票筹资成本的基础。股票的种类虽多，但主要可分为优先股和普通股两种。

① 优先股票的成本率计算公式。

$$K_e = \frac{D_e}{V_e(1 - f)} \tag{5-30}$$

式中：K_e——优先股成本率；

$\quad\quad D_e$——优先股股利；

$\quad\quad V_e$——每股发行价格（股票账面价值）；

$\quad\quad f$——发行优先股的手续费率（按股票发行价的百分比计），即为筹资费率；

$V_e(1 - f)$——公司实收优先股股金额。

② 普通股票的成本率计算公式。

$$K_c = \frac{D_c}{V_c(1 - f)} + G \tag{5-31}$$

式中：K_c——普通股成本率；

$\quad\quad D_c$——普通股股利；

$\quad\quad V_c$——普通股每股发行价格（股票面值）；

$\quad\quad f$——发行普通股手续费率（按股票发行价的百分比计），即筹资费率；

$V_c(1 - f)$——公司实收普通股股金额；

$\quad\quad G$——普通股股利预计每年增长率。

③ 保留利润的成本计算。

保留利润是指企业从税后利润总额中扣除股利之后的剩余部分。它是企业经营的直接成果，属于企业主或股东所有。使用保留利润的资金成本的计算，要根据机会成本原则。

保留利润的机会成本率可按下式计算。

$$K_r = R(1 - T)(1 - B) \tag{5-32}$$

式中：K_r——保留利润的资金成本率；

R——股东使用保留利润向外投资预计可获取的利润率；

B——经济人手续费率；

T——投资者应交纳的所得税率。

④ 综合资金成本的计算。

综合资金成本率，即筹资方案中各种资金筹措方式的单项资金成本率的加权平均值。其计算公式为：

$$K_w = \sum_{i=1}^{h} P_i K_i \tag{5-33}$$

式中：K_w——综合资金成本率；

P_i——第 i 种来源资金占全部资金比例；

K_i——第 i 种来源资金的成本率；

h——筹资方式的种类。

总之，对筹资方案的分析评估，主要是对项目可行性研究报告的筹资方案的安全性、经济性和可靠性的进一步分析论证。安全性是指筹资风险对筹资目标的影响程度，经济性是指筹资成本最低，而可靠性是指筹资渠道有无保证，是否符合国家政策规定。最后对资金筹措方案进行综合分析，提出最优投资方案建议。通过分析评估，选择获取最方便、使用安排最佳和资金成本最低的筹资方案。

5.3.3　资金使用规划评估

1）编制资金使用规划的主要依据

资金筹措方案确定后，应根据项目实施进度规划要求，编制资金使用规划，以便在完成项目实施规划任务的基础上，更合理有效地利用资金。因此，在资金使用规划的编制过程中，必须把资金的使用计划安排和筹资方案紧密结合起来，使其相互衔接，保证资金的使用能够满足项目实施进度规划要求。在编制资金使用规划时，应注意以下4点：

（1）各项投资支出应根据"生产技术方案""项目设计方案"及其他有关数据资料，经过分析、审查和调整后，结合实施进度规划确定分年支出额。

（2）投资需要外汇支付各种款项时，各年的投资支用应分别以"外汇"与

"人民币"计算,便于确定不同货币的资金来源和计算外汇投资效益。

(3)测算进口设备投资支出,应注意"合同价"的内涵,若按我国港口的"到岸价",则合同价内已包括了海上运输及保险费;若按供应国的"离岸价",则在设备投资中尚需列入海运和保险的外汇费用,并且进口设备的关税和增值税也应列入计算。

(4)流动资金支出,应根据投产后的年产量计算,并随产量的增加,分年度安排流动资金增加额,以尽量减少资金的占用和流动资金的贷款利息支出。

2)资金使用规划方案的分析评估

对项目资金使用规划方案的分析和评估,应重点考虑以下3个方面:

(1)项目实施进度规划是否与筹资规划相吻合,有无调整和修改的建议;资金使用规划是否与项目实施进度规划相衔接。

(2)各项资金来源的使用是否合理,是否符合国家有关政策规定;对各类借款,尤其是外币借款,项目有无偿还能力。

(3)资金使用规划的安排是否科学合理,能否保证项目顺利实施和资金最佳利用的目的。

例5-5 某家电科技产业公司拟投资9500万元,新建微型磁记录设备和磁疗器项目。经主管部门批准,企业采用股份制形式,除发行企业债券集资外,还向社会公开发行人民币个人股。项目长期投资资金构成情况:向银行申请固定资产贷款2500万元,年贷款利率为10.8%,并采取担保方式,担保费总额100万元,担保期限为4年;发行一次还本付息单利企业债券1900万元,委托某证券公司代理发行,发行费用总额40万元,5年期,年利率为15.5%;向社会发行个人普通股300万股,每股发行价格12元,每股股利0.90元,每年预期增长5%;接受某海外慈善机构捐赠现金100万美元,折合成人民币总额500万元,企业保留盈余资金1000万元。企业建成投产后的所得税率为25%。求该项目的综合资金成本。

解:(1)根据上述筹资方案提供的资料,各来源渠道的资金成本如下:

$$K_{贷} = (10.8\% + \frac{100}{4 \times 2500} \times 100\%) \times (1 - 25\%) = 8.85\%$$

$$K_{债} = (15.5\% + \frac{40}{5 \times 1900} \times 100\%) \times (1 - 25\%) = 11.94\%$$

$$K_股 = \frac{0.90}{12} \times 100\% + 5\% = 12.50\%$$

接受捐赠现金的成本，采用债务资金成本法确定，按项目债券资金成本计算，得：

$$K_捐 = 11.94\%$$

企业保留盈余成本采用普通股成本法计算，得：

$$K_盈 = 12.50\%$$

（2）通过分析计算，各项资金占长期投资总额的比例如下：

$$f_贷 = \frac{2500}{9500} \times 100\% = 26.3\%$$

$$f_债 = \frac{1900}{9500} \times 100\% = 20\%$$

$$f_股 = \frac{300 \times 12}{9500} \times 100\% = 37.9\%$$

同理，可得：

$$f_捐 = 5.3\%, \quad f_盈 = 10.5\%$$

（3）项目加权平均综合资金成本为：

$$K = \sum_{i=1}^{n} R_i \cdot f_i$$

$$=8.85\% \times 26.3\% + 11.94\% \times 20\% + 12.5\% \times 37.9\% + 11.94\% \times 5.3\% + 12.5\% \times 10.5\%$$

$$=11.4\%$$

例5-6 某企业计划年初的资金结构见表5-4。普通股票每股面值为200元，股息为20元，预计以后每年股息增加5%。该企业所得税假定为33%，并且发行各种证券均无筹资费。

<table>
<tr><td colspan="2">某企业资金结构　　　　　　　　　　　　　　　　　表5-4</td></tr>
<tr><td>各种资金来源</td><td>金额（万元）</td></tr>
<tr><td>B长期债券，年利率9%</td><td>600</td></tr>
<tr><td>P优先股，年股息率7%</td><td>200</td></tr>
<tr><td>C普通股，400000股，年增长率5%</td><td>800</td></tr>
<tr><td>合计</td><td>1600</td></tr>
</table>

现在，该企业拟增资400万元，有甲、乙两个备选方案。

甲方案：发行长期债券400万元，年利率为10%。同时，发行普通股200万元，普通股股息增加到25万元，以后每年增加6%。

乙方案：发行长期债券200万元，年利率为10%，同时，发行普通股200万元，普通股股息增加到25万元，以后每年增加5%。

试比较甲、乙方案的综合资金成本率，选择最佳筹资方案。

解：（1）采用甲方案。

各种资金来源的比例和资金成本率计算如下：

原有长期债券：

$$f_{B_1} = \frac{600}{2000} = 30\%, \ K_{B_1} = \frac{9\% \times (1 - 33\%)}{1 - 0} = 6.03\%$$

新增长期债券：

$$f_{B_2} = \frac{400}{2000} = 20\%, \ K_{B_2} = \frac{10\%(1 - 33\%)}{1 - 0} = 6.7\%$$

优先股：

$$f_P = \frac{200}{2000} = 10\%, \ K_P = \frac{7\%}{1 - 0} = 7\%$$

普通股：

$$f_C = \frac{800}{2000} = 40\%, \ K_C = \frac{25}{200} + 6\% = 18.5\%$$

综合资金成本率 $K_{甲}$=30%×6.03%+20%×6.7%+10%×7%+40%×18.5%

$$=11.25\%$$

（2）采用乙方案。

各种资金来源的比例和资金成本率计算如下：

原有长期债券：

$$f_{B_1} = \frac{600}{2000} = 30\%, \ K_{B_1} = \frac{9\% \times (1 - 33\%)}{1 - 0} = 6.03\%$$

新增长期债券：

$$f_{B_2} = \frac{200}{2000} = 10\%, \ K_{B_2} = \frac{10\%(1 - 33\%)}{1 - 0} = 6.7\%$$

优先股：

$$f_P = \frac{200}{2000} = 10\%, \ K_P = \frac{7\%}{1 - 0} = 7\%$$

普通股：

$$f_C = \frac{1000}{2000} = 50\%, \ K_C = \frac{25}{200} + 5\% = 17.5\%$$

综合资金成本率 $K_乙$=30%×6.03%+10%×6.7%+10%×7%+50%×17.5%

$\qquad\qquad\qquad$ =11.93%

$K_乙 > K_甲$，所以应选择甲方案进行筹资。

本章要点

本章主要讲述了项目总投资的概念，投资估算的要求、依据及作用，建设投资估算、流动资金估算以及公路工程投资估算。

项目总投资是指投资项目从前期准备工作开始到项目全部建成投产为止所发生的全部投资费用，包括建设投资和流动资金投资。它应该反映投资项目从项目设想到建设期末的全部实际投资总额。

建设投资是指建设单位在项目建设期与筹建期间所花费的全部费用，包括固定资产投资、无形资产投资、开办费、预备费和固定资产投资方向调节税。

流动资金投资是指项目建成投产后，为保证项目正常生产经营，需要垫支于劳动对象和工资等方面的资金。

建设投资的估算包括静态投资估算（方法包括资金周转率法、生产能力指数法、比例估算法、系数估算法以及指标估算法）、涨价预备费的估算、建设期的贷款利息的估算以及固定资产投资方向调节税。

流动资金的估算方法一般采用两种，即扩大指标估算法（包括产值或销售收入资金率估算法、经营成本或总成本资金率估算法、固定资产投资资金率估算法、单位产量资金率估算法）和分项详细估算法（包括现金的估算、应收预付账款的估算、存货的估算、应付预付账款的估算）。

本章习题

1. 简述项目总投资的构成。
2. 投资估算的依据、要求及作用分别是什么？
3. 简述建设投资和流动资金的构成。
4. 如何进行建设投资估算？
5. 如何进行流动资金估算？
6. 试述项目建议书投资估算的编制。
7. 试述可行性研究报告投资估算的编制。

第6章 工程项目经济评价

💡 **学习目标**

1. 了解工程项目财务分析基本报表的构成。
2. 掌握工程项目盈利能力分析的基本指标和报表。
3. 掌握工程项目偿债能力分析的基本指标和报表。
4. 了解公路工程项目财务分析和非营利项目财务分析。
5. 了解公路工程项目经济分析，理解影子价格的概念。

📋 **学习准备**

学习本章之前要了解项目财务分析的基本概念，掌握公路工程项目和非营利性项目的概念，以及公路工程项目经济分析的过程。

6.1 财务分析

6.1.1 财务分析概述

1）财务分析的作用

（1）项目决策分析与评价的重要组成部分。在项目的决策分析与评价的各个阶段中（包括投资机会研究、项目建议书、初步可行性研究、可行性研究报告），财务分析都是重要组成部分。

（2）在经营性项目决策过程中，项目发起人决策是否发起或进一步推进该项目，权益投资人决策是否投资于该项目，债券人决策是否贷款给该项目，财务分析都是重要依据之一。对于那些需要政府核准的项目，各级核准部门在作出是否核准该项目的决策时，许多相关财务数据可作为项目社会和经济影响大小的估算基础。

（3）在项目或方案比选中起重要作用。项目决策分析与评价的精髓是方案比选，在项目建设规模、产品方案、工艺技术方案、工程方案等方面都必须通过方

132

案比选予以优化。财务分析结果可以反馈到建设方案构造和研究中，用于方案比选，优化方案设计，使项目整体更趋于合理。

（4）配合投资各方谈判，促进平等合作。目前，投资主体多元化已成为项目的融资主流，存在着多种形式的合作方式，主要有国内合资或合作的项目、中外合资或合作的项目、多个外商参与的合资或合作的项目等。在酝酿合资、合作的过程中，咨询工程师会成为各方谈判的有力助手，财务分析结果起着促使投资各方平等合作的重要作用。

财务分析中的财务生存能力分析对项目，特别是对非经营性项目的财务可持续性的考察起着重要的作用。

2）财务分析的内容

（1）选择分析方法。在明确项目评价范围的基础上，根据项目性质和融资方式选取适宜的财务分析方法。

（2）识别财务效益与费用范围。项目财务分析的利益主体主要包括项目投资经营实体（或项目财务主体）和权益投资方等。对于不同利益主体，项目带来的财务效益与费用范围不同，需要仔细识别。

（3）测定基础数据，估算财务效益与费用。选取必要的基础数据进行财务效益与费用的估算，包括营业收入、成本费用估算和相关税金估算等，同时编制相关辅助报表。以上内容实质上是在为财务分析进行准备，也称财务分析基础数据与参数的确定、估算与分析。

（4）编制财务分析报表和计算财务分析指标进行财务分析，主要包括盈利能力分析、偿债能力分析和财务生存能力分析。

（5）在对初步设定的建设方案（称为基本方案）进行财务分析后，还应进行盈亏平衡分析和敏感性分析。常常需要将财务分析的结果进行反馈，优化原初步设定的建设方案，尤其要对原建设方案进行较大的调整。

财务分析内容因项目性质和目标有所不同，对于旨在实现投资盈利的经营性项目，其财务分析内容应包括本章所述全部内容；对于旨在为社会公众提供公共产品和服务的非经营性项目，在通过相对简单的财务分析比选优化项目方案的同时，了解财务状况，分析其财务生存能力，以便采取必要的措施使项目得以财务收支平衡，正常运营。

3）财务分析的步骤

财务分析的步骤以及各部分的关系，包括财务分析与投资估算和融资方案的关系，如图6-1所示。

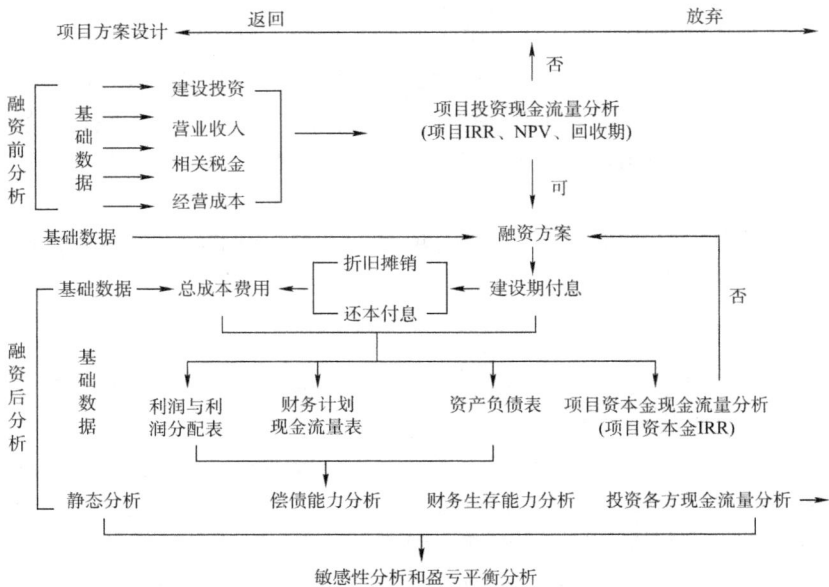

图6-1　财务分析图

投资估算和融资方案是财务分析的基础。在实际操作过程中，三者互有交叉。投资决策和融资决策的先后顺序与相辅相成的关系也促成了这种交叉。在财务分析的分析方法和指标体系设置上体现了这种交叉。

首先要做的是融资前的项目投资现金流量分析，其结果体现项目方案本身设计的合理性，用于投资决策以及方案或项目的比选。也就是说，用于考察项目是否基本可行，并值得为之融资，这对项目发起人、投资者、债权人和政府部门都是有用的。

如果第一步分析的结论是"可"，才有必要进一步考虑融资方案，进行项目的融资后分析，包括项目资本金现金流量分析、偿债能力分析和财务生存能力分析等。融资后分析是比选融资方案，进行融资决策和投资者最终出资的依据。

如果融资前分析结果不能满足要求，可返回对项目建设方案进行修改；若多次修改后分析结果仍不能满足要求，甚至可以作出放弃或暂时放弃项目的建议。

4）财务分析的基本原则

财务分析应遵循以下基本原则：

（1）费用与效益计算范围的一致性原则。

为了正确评价项目的获利能力，必须遵循项目的直接费用与直接效益计算范围的一致性原则。如果在投资估算中包括了某项工程，那么因建设了该工程而使企业增加的效益就应该考虑，否则就会低估了项目的效益；反之，如果考虑了该工程对项目效益的贡献，但投资却未计算进去，那么项目的费用就会被低估，从而导致高估了项目的效益。只有将投入和产出的估算限定在同一范围内，计算的净效益才是投入的真实回报。

（2）费用与效益识别的有无对比原则。

有无对比是项目评价中通用的费用与效益识别的基本原则。项目评价的许多方面都需要遵循这条原则，采用有无对比的方法进行，财务分析也不例外。所谓"有"是指实施项目后的将来状况，"无"是指不实施项目时的将来状况。在识别项目的效益和费用时，须注意只有"有无对比"的差额部分才是由于项目的投资建设增加的效益和费用，即增量效益和费用。因为即使不实施该项目，现状也可能发生变化。例如农业灌溉项目，若没有该项目，将来的农产品产量也会由于气候、施肥、种子、耕作技术的变化而变化；又如计算交通运输项目效益的基础——运输量，在无该项目时，也会由于地域经济的变化而改变。采用有无对比的方法，就是为了识别那些真正应该算作项目效益的部分，即增量效益，排除那些由于其他原因产生的效益；同时也要找出与增量效益相对应的增量费用，只有这样才能真正体现项目投资的净效益。

有无对比不仅适用于依托老厂进行的改扩建与技术改造项目的增量盈利能力分析，对于新建项目也同样适用。对于新建项目，通常可认为无项目与现状相同，其效益与费用均为零。

（3）动态分析与静态分析相结合，以动态分析为主的原则。

国际通行的财务分析都是以动态分析方法为主，即根据资金时间价值原理，考虑项目整个计算期内各年的效益和费用，采用现金流量分析的方法，计算内部收益率和净现值等评价指标。我国分别于1987年、1993年和2006年由原国家计委或国家发展改革委和原建设部发布施行的《建设项目经济评价方法与参数》第一版、第二版以及第三版，都采用了动态分析与静态分析相结合，以动态分析为主的原则制定出一整套项目经济评价方法与指标体系。2002年由原国家计委办公厅发文试行的《投资项目可行性研究指南》，同样采用了这条原则。

（4）基础数据确定的稳妥原则。

财务分析结果的准确性取决于基础数据的可靠性。财务分析中所需要的大量基础数据都来自预测和估计，难免有不确定性。为了使财务分析结果能提供较为可靠的信息，避免人为的乐观估计所带来的风险，更好地满足投资决策需要，在基础数据的确定和选取中遵循稳妥原则是十分必要的。

6.1.2 财务盈利能力分析

财务能力分析是项目财务分析的重要组成部分，从是否考虑资金时间价值的角度，财务盈利能力分析分为动态指标与静态指标分析；从是否在融资方案的基础上进行分析的角度，财务盈利能力分析又可分为融资前分析（without funding）和融资后分析（with funding）。

1）动态指标分析

动态指标分析采用现金流量分析方法，在项目计算期内，以相关效益费用数据为现金流量，编制现金流量表，考虑资金时间价值，采用折现方法计算净现值、内部收益率等指标，用以分析考察项目投资盈利能力。现金流量分析又可分为项目投资现金流量分析、项目资本金现金流量分析和投资各方现金流量分析3个层次。项目投资现金流量分析是融资前分析，项目资本金现金流量分析和投资各方现金流量分析是融资后分析。

（1）项目投资现金流量分析。

① 项目投资现金流量分析的含义。

项目投资现金流量分析（原称为"全部投资现金流量分析"），是从融资前的角度，即在不考虑债务融资的情况下，确定现金流入和现金流出，编制项目投资现金流量表，计算财务内部收益率和财务净现值等指标，进行项目投资盈利能力分析，考察项目对财务主体和投资者总体的价值贡献。

项目投资现金流量分析是从项目投资总获利能力的角度，考察项目方案设计的合理性。不论实际可能支付的利息是多少，分析结果都不发生变化，因此可以排除融资方案的影响。项目投资现金流量分析的相关指标，可作为初步投资决策的依据和融资方案研究的基础。

根据需要，项目投资现金流量分析可从所得税前和（或）所得税后两个角度进行考察，选择计算所得税前和（或）所得税后分析指标。

② 项目投资现金流量识别与报表编制。

进行现金流量分析，首先要正确识别和确定现金流量，包括现金流入和现金流出。能否作为融资前项目投资现金流量分析的现金流量，要看其是否与融资方案无关。从该角度识别的现金流量也被称为自由现金流量。按照上述原则，项目投资现金流量分析的现金流入主要包括营业收入（必要时还可包括补贴收入），在计算期的最后一年，还包括回收资产余值及回收流动资金。该回收资产余值应不受利息因素的影响，它区别于项目资本金现金流量表中的回收资产余值。现金流出主要包括建设投资（含固定资产进项税）、流动资金、经营成本、税金及附加。如果运营期内需要投入维持运营投资，也应将其作为现金流出。

2009年执行新的增值税条例以后，为了体现增值税进项税抵扣导致企业应纳增值税额的降低进而使净现金流量增加的作用，应在现金流入中增加销项税额，同时在现金流出中增加进项税额（指运营投入的进项税额）以及应纳增值税。

所得税后分析还要将所得税作为现金流出。由于是融资前分析，该所得税应与融资方案无关，其数值应区别于其他财务报表中的所得税。该所得税应根据不受利息因素影响的息税前利润（EBIT）乘以所得税税率计算，称为调整所得税，也可称为融资前所得税。

净现金流量（现金流入与现金流出之差）是计算评价指标的基础。

根据上述现金流量编制的现金流量表称为项目投资现金流量表，格式见表6-1。

项目投资现金流量表（单位：万元）　　　　　表6-1

序号	项　　目	建设期		运营期					
		1	2	3	4	5	6	7	8
	生产负荷								
1	现金流入								
1.1	营业收入								
1.2	销项税额								
1.3	回收资产余值								
1.4	回收流动资金								
2	现金流出								
2.1	建设投资								
2.2	流动资金								
2.3	经营成本								
2.4	进项税额								
2.5	应纳增值税								
2.6	税金及附加								
2.7	维持运营投资								
3	所得税前净现金流量								
4	累计税前净现金流量								
5	调整所得税								
6	所得税后净现金流量								
7	累计税后净现金流量								

③ 项目投资现金流量分析的指标。

依据项目投资现金流量表可以计算项目投资财务内部收益率（FIRR）、项目投资财务净现值（FNPV），这两项指标通常被认为是主要指标。

另外还可以借助该表计算项目投资回收期，可以分别计算静态或动态的投资回收期，我国的评价方法只规定计算静态投资回收期。

各指标的含义、计算和判断简述如下：

a.项目投资财务净现值。项目投资财务净现值是指按设定的折现率 i_c 计算的项目计算期内各年净现金流量的现值之和。计算公式为：

$$\text{FNPV} = \sum_{t=1}^{n} (\text{CI} - \text{CO})_t (1 + i_c)^{-t} \tag{6-1}$$

式中：　　CI——现金流入；

CO——现金流出；

$(\text{CI} - \text{CO})_t$——第 t 年的净现金流量；

n——计算期年数；

i_c——设定的折现率，通常可选用财务内部收益率的基准值（可称为财务基准收益率、最低可接受收益率等）。

项目投资财务净现值是考察项目盈利能力的绝对量指标，反映项目在满足按设定折现率要求的盈利之外所能获得的超额盈利的现值。项目投资财务净现值等于或大于零，表明项目的盈利能力达到或超过了设定折现率所要求的盈利水平，该项目财务效益可以被接受。

b.项目投资财务内部收益率。项目投资财务内部收益率是指能使项目在整个计算期内各年净现金流量现值累计等于零时的折现率，它是考察项目盈利能力的相对量指标。其表达式为：

$$\sum_{t=1}^{n} (\text{CI} - \text{CO})_t (1 + \text{FIRR})^{-t} = 0 \tag{6-2}$$

式中：FIRR——欲求取的项目投资财务内部收益率。

项目投资财务内部收益率一般通过计算机软件配置的财务函数计算。将求得的项目投资财务内部收益率与设定的基准参数（i_c）进行比较，当 FIRR $\geqslant i_c$ 时，即认为项目的盈利性能够满足要求，该项目财务效益可以被接受。

④ 所得税前分析和所得税后分析的作用。

按项目投资所得税前的净现金流量计算的相关指标，即所得税前指标，是投资盈利能力的完整体现，可用于考察项目的基本面，即由项目方案设计本身所决定的财务盈利能力，不受融资方案和所得税政策变化的影响，仅仅体现项目方案本身的合理性。该指标可以作为初步投资决策的主要指标，用于考察项目是否基本可行，并值得为之融资。所谓"初步"是相对而言，意指根据该指标可以作出项目方案，一旦实施能实现投资目标的判断，可以决策投资。在此之后再通过融资方案的比选分析，有了较为满意的融资方案后，投资者才能最终出资。所得税前指标应该受到项目有关各方（项目发起人、项目业主、银行和政府相关部门）广泛的关注。该指标还特别适用于建设方案研究中的方案比选。政府投资和政府关注项目必须进行所得税前分析。

项目投资所得税后分析也是一种融资前分析，所采用的表格同所得税前分析，只是在现金流出中增加了调整所得税，根据所得税后的净现金流量来计算相关指标。

所得税后分析是所得税前分析的延伸。由于其计算基础——净现金流量中剔除了所得税，有助于判断在不考虑融资方案的条件下项目投资对企业价值的贡献。

（2）项目资本金现金流量分析。

① 项目资本金现金流量分析的含义和作用。

项目资本金现金流量分析是在拟定的融资方案下，从项目资本金出资者整体的角度，确定其现金流入和现金流出，编制项目资本金现金流量表，计算项目资本金内部收益率指标，考察项目资本金可获得的收益水平。

项目资本金现金流量分析是融资后分析。项目资本金现金流量分析指标应该能反映从项目权益投资者整体角度考察盈利能力的要求。

项目资本金现金流量分析指标是比较和取舍融资方案的重要依据。在通过融资前分析已对项目基本获利能力有所判断的基础上，通过项目资本金现金流量分析结果可以进而判断项目方案在融资条件下的合理性，因此可以说项目资本金现金流量分析指标是融资决策的依据，有助于投资者在其可接受的融资方案下最终决策出资。

② 项目资本金现金流量识别和报表编制。

项目资本金现金流量分析需要编制项目资本金现金流量表，该表的现金流入包括营业收入（必要时还可包括补贴收入），在计算期的最后一年，还包括回收资产余值及回收流动资金；现金流出主要包括建设投资和流动资金中的项目资本金（权益资金）、经营成本、税金及附加、还本付息和所得税。该所得税应等同于利润表等财务报表中的所得税，而区别于项目投资现金流量表中的调整所得税。如果计算期内需要投入维持运营投资，也应将其作为现金流出（通常可设定维持运营投资由企业自有资金支付)。可见该表的净现金流量包括了项目(企业)在缴税和还本付息之后所剩余的收益(含投资者应分得的利润),即企业的净收益,又是投资者的权益性收益。

同样,在执行新的增值税条例以后,为了体现固定资产进项税抵扣导致应纳增值税额的降低进而使净现金流量增加的作用,应在现金流入中增加销项税额,同时在现金流出中增加进项税额(指运营投入的进项税额)以及应纳增值税。

项目资本金现金流量表的格式详见表6-2。

项目资本金流量表(单位:万元)　　　　　　表6-2

序号	项　　目	建设期		运营期					
		1	2	3	4	5	6	7	8
	生产负荷								
1	现金流入								
1.1	营业收入								
1.2	销项税额								
1.3	回收资产余值								
1.4	回收流动资金								
2	现金流出								
2.1	项目资本金								
2.2	长期借款本金偿还								
2.3	流动资金借款本金偿还								
2.4	借款利息支付								
2.5	经营成本								
2.6	进项税额								
2.7	增值税								
2.8	税金及附加								
2.9	维持运营投资								
2.10	所得税								
3	净现金流量								

注:1.本表中所得税与表6-1中调整所得税不同,应以销售收入减去总成本费用和税金及附加之后得出的利润总额为基数计算;

2.本表中回收资产余值与表6-1不同,因其中固定资产余值为将建设期利息纳入固定资产原值后计取的回收固定资产余值。

③项目资本金现金流量分析指标。

按照我国财务分析方法的要求,一般可以只计算项目资本金财务内部收益率一个指标,其表达式和计算方法同项目投资财务内部收益率,致使所依据的表格和净现金流量的内涵不同,判断的基准参数(财务基准收益率)也不同。

项目资本金财务基准收益率应体现项目发起人（代表项目所有权益投资者）对投资获利的最低期望值（也称最低可接受收益率）。当项目资本金财务内部收益率大于或等于该最低可接受收益率时，说明在该融资方案下，项目资本金获利水平超过或达到了要求，该融资方案是可以接受的。

（3）投资各方现金流量分析。

对于某些项目，为了考察投资各方的具体收益，还需要进行投资各方现金流量分析。投资各方现金流量分析是从投资各方实际收入和支出的角度，确定现金流入和现金流出，分别编制投资各方现金流量表，计算投资各方的内部收益率指标，考察投资各方可能获得的收益水平。

投资各方现金流量表中的现金流入和现金流出科目需根据项目具体情况和投资各方因项目发生的收入和支出情况选择填列。依据该表计算的投资各方财务内部收益率指标，其表达式和计算方法同项目投资内部收益率，只是所依据的表格和净现金流量内涵不同，判断的基准参数也不同。

在仅按股本比例分配利润和分担亏损和风险的情况下，投资各方的利益是均等的，可不进行投资各方现金流量分析。投资各方有股权之外的不对等的利益分配时，投资各方的收益率将会有差异，比如其中一方有技术转让方面的收益，或一方有租赁设施的收益，或一方有土地使用权收益的情况。另外，不按比例出资和进行分配的合作经营项目，投资各方的收益率也有可能会有差异。计算投资各方的财务内部收益率可以看出各方收益的非均衡性是否在一个合理的水平上，有助于促成投资各方在合作谈判中达成平等互利的协议。

（4）现金流量分析基准参数。

① 现金流量分析基准参数的含义和作用。

现金流量分析指标的判别基准称为基准参数，最重要的基准参数是财务基准收益率或最低可接受收益率，用于判别财务内部收益率是否满足要求，同时也是计算财务净现值的折现率。

采用财务基准收益率或最低可接受收益率作为折现率，用于计算财务净现值，可使财务净现值大于或等于财务基准收益率或最低可接受收益率，两者对项目财务可行性的判断结果一致。

计算财务净现值的折现率也可取不同于财务内部收益率判别基准的数值。依据不充分或可变因素较多时，可取几个不同数值的折现率，计算多个财务净现值，以给决策者提供全面的信息。须注意，此时通过财务内部收益率对项目财务可行性的判断可能会与通过财务净现值对项目财务可行性进行的判断不同。

② 财务基准收益率的确定。

a.基准参数的确定要与指标的内涵相对应。所谓基准参数，是指设定的投资截止率（国外有称"cut off rate"），收益低于这个水平不予投资。这也是最低可接受收益率的概念。

说到最低可接受收益率，就应该明确是对谁而言的。不同的人，或者从不同角度去考虑，对投资收益会有不同的最低期望值。因此，在谈到最低可接受收益率时，应有针对性。也就是说，项目财务分析中不应该总是用同一个最低可接受收益率作为各种财务内部收益率的判别基准。

b.基准参数的确定要与所采用价格体系相协调。说到基准参数的确定要与所采用价格体系相协调，是指采用的投入和产出价格是否包含通货膨胀因素，应与指标计算时对通货膨胀因素的处理相一致。如果计算期内考虑通货膨胀，并采用时价计算财务内部收益率，则确定判别基准时也应考虑通货膨胀因素，反之亦然。含有通货膨胀因素的财务内部收益率及其基准参数之间近似为：

$$i_c' \cong i_c + f \qquad\qquad (6\text{-}3)$$

$$IRR' = IRR + f \qquad\qquad (6\text{-}4)$$

式中：i_c——不含通货膨胀因素的财务内部收益率判别基准；

i_c'——含通货膨胀因素的年将诶不收益率判别基准；

IRR——不含通货膨胀因素的财务内部收益率；

IRR'——含通货膨胀因素的财务内部收益率；

f——通货膨胀率。

c.基准参数的确定要考虑资金成本。投资获益要大于资金成本，否则该项投资就没有价值，因此通常把资金成本作为基准参数的确定基础，或称第一参考值。

d.基准参数的确定要考虑资金机会成本。投资获益要大于资金机会成本，否则该项投资就没有比较价值，因此通常也把资金机会成本作为基准参数的确定基础。

e.项目投资财务内部收益率的基准参数。项目投资财务内部收益率的基准参数可采用国家、行业或专业（总）公司统一发布之行的财务基准收益率，或由评价者自行设定。一般可在加权平均资金成本（WACC）的基础上再加上调控意愿等因素来确定财务基准收益率。

选择项目投资财务内部收益率的基准参数时要注意所得税前和所得税后指标的不同。

f.项目资本金财务内部收益率的判别基准。项目资本金财务内部收益率的基准参数应为项目资本金所有者整体的最低可接受收益率。其数值大小主要取决于资金成本、资本收益水平、风险以及项目资本金所有者对权益资金收益的要求，还与投资者对风险的态度有关。通常可采用相关公式计算，也可参照同类项目（企业）的净资产收益率确定。

g.投资各方财务内部收益率的判别基准。投资各方财务内部收益率的基准参数为投资各方对投资收益水平的最低期望值，也可称为最低可接受收益率。它只能由各投资者自行确定。因为不同的投资者的决策理念、资本实力和风险承受能力有很大的差异。出于某些原因，投资者可能会对不同项目有不同的收益水平要求。

2）静态指标分析

除了进行现金流量分析以外，在盈利能力分析中，还可以根据具体情况进行静态指标分析。静态指标分析是指不考虑资金时间价值，直接用未经折现的数据进行计算分析的方法，包括计算总投资收益率、项目资本金净利润率和静态投资回收期等指标的方法。静态指标分析的内容都是融资后分析。

（1）静态指标。

① 项目投资回收期（P_t）。

项目投资回收期是指以项目的净收益回收项目投资所需要的时间，一般以年为单位，并从项目建设开始时算起，若从项目投产开始时计算起的，应予以特别注明。其表达式为：

$$\sum_{t=1}^{P_t} (CI - CO)_t = 0 \qquad (6\text{-}5)$$

项目投资回收期可借助项目投资现金流量表，依据未经折现的净现金流量和累计净现金流量计算，项目现金流量表中累计净现金流量由负值变为零时的时点，即为项目投资回收期。其计算公式为：

$$P_t = 累计净现金流量开始出现正值的年份数 - 1 + \frac{上一年累计净现金流量的绝对值}{当年累计净现金流量} \qquad (6\text{-}6)$$

投资回收期短，表明投资回收快，抗风险能力强。对于某些风险较大的项目，特别需要计算投资回收期指标。

当回收期小于或等于设定的基准投资回收期时，表明投资回收速度符合要求。基准投资回收期的取值可根据行业水平或投资者的要求确定。

投资回收期法（静态）不考虑资金的时间价值，不考虑现金流量在各年的时间排列顺序，同时忽略了投资回收以后的现金流量，因此利用投资回收期进行投资决策有可能导致决策失误。净现值法由于考虑了项目整个计算期的现金流量，并且考虑了资金的时间价值等因素，因此是一个相对可靠的评价方法。

② 总投资收益率。

总投资收益率表示总投资的盈利水平，是指项目达到设计能力后正常年份的年息税前利润（EBIT）或运营期内年平均息税前利润与项目总投资的比率。其计算式为：

$$总投资收益率 = \frac{年息税前利润}{项目总投资} \times 100\% \qquad (6-7)$$

式中：

$$年息税前利润 = 利润总额 + 支付的全部利息 \qquad (6-8)$$

或

$$年息税前利润 = 营业收入 - 税金及附加 - 经营成本 - 折旧和摊销 \quad (6-9)$$

总投资收益率高于同行业的收益率参考值，表明用总投资收益率表示的盈利能力满足要求。

③ 项目资本金净利润率。

项目资本金净利润率表示项目资本金的盈利水平，是指项目达到设计能力后正常年份的年净利润或运营期内年平均净利润与项目资本金的比率。其计算式为：

$$项目资本金净利润率 = \frac{年净利润率}{项目资本金} \times 100\% \qquad (6-10)$$

项目资本金净利润率高于同行业的净利润率参考值，表明项目资本金净利润率表示的盈利能力满足要求。

（2）静态指标分析依据的报表。

除投资回收期外，静态指标计算所依据的报表主要是"项目总投资使用计划与资金筹措表"和"利润表"，利润表见表6-3。

6.1.3 偿债能力分析

偿债能力分析是通过编制相关报表，计算利息备付率、偿债备付率等比率指标，考察项目借款的偿还能力。财务生存能力分析是通过编制财务计划现金流量表，结合偿债能力分析，考察项目（企业）资金平衡和余缺等财务状况，判断其财务可持续性。项目（企业）的利润表以及资产负债表在偿债能力分析和财务生存能力分析中也起着相当重要的作用。

利 润 表（单位：万元）　　　　表6-3

序号	项　目	运 营 期					
		3	4	5	6	7	8
	生产负荷						
1	营业收入						
2	税金及附加						
3	总成本费用						
4	补贴收入						
5	利润总额						
6	弥补以前年度亏损						
7	应纳税所得额						
8	所得税						
9	净利润						
	附：息税前利润						

1）基本报表的编制

（1）借款还本付息计划表。

应根据与债权人商定的或预计可能的债务资金偿还条件和方式计算并编制借款还本付息计划表，其简要格式参见表6-4。

借款还本付息计划表（单位：万元）　　　　表6-4

项　目	第2年	第3年	第4年	第5年	第6年
年初借款余额	412.0	338.9	261.4	179.3	92.3
当年还本付息	97.8	97.8	97.8	97.8	97.8
其中：还本	73.1	77.5	82.1	87.0	92.3
付息	24.7	20.3	15.7	10.8	5.5
年末借款余额	338.9	261.4	179.3	92.3	0

例6-1　某项目建设期1年，建设投资借款400万元，年利率为6%，假定借

款在年中支用，建设期利息估算为 12 万元，由产后与本金一并在 5 年内等额偿还，请编制借款还本付息计划表。

解：借款还本付息计划表见表 6-4。

（2）财务计划现金流量表。

财务计划现金流量表是国际上通用的财务报表，用于反映计算期内各年的投资活动、融资活动和经营活动所产生的现金流入、现金流出和净现金流量，考查资金平衡和余缺情况，是表示财务状况的重要财务报表。财务计划现金流量表的格式见表 6-5，表中绝大部分数据可来自其他表格。

财务计划现金流量表（单位：万元）　　　　　表 6-5

序号	项 目	计 算 期					
		1	2	3	4	…	n
1	经营活动净现金流量						
1.1	现金流入						
1.1.1	营业收入						
1.1.2	增值税销项税额						
1.1.3	补贴收入						
1.1.4	其他流入						
1.2	现金流出						
1.2.1	经营成本						
1.2.2	增值税进项税额						
1.2.3	营业税金及附加						
1.2.4	增值额						
1.2.5	所得税						
1.2.6	其他流入						
2	投资活动净现金流量						
2.1	现金流入						
2.2	现金流出						
2.2.1	建设投资						
2.2.2	维持运营投资						
2.2.3	流动资金						
2.2.4	其他流出						
3	筹资活动净现金流动						
3.1	现金流入						
3.1.1	项目资本金投入						

续上表

序号	项　　目	计　算　期					
		1	2	3	4	…	n
3.1.2	建设投资借款						
3.1.3	流动资金借款						
3.1.4	债券						
3.1.5	短期借款						
3.1.6	其他流入						
3.2	现金流出						
3.2.1	各种利息支出						
3.2.2	偿还债务本金						
3.2.3	应付利润（股利分配）						
3.2.4	其他流出						
4	净现金流量（1+2+3）						
5	累计盈余资金						

（3）资产负债表。

资产负债表通常按企业范围编制，企业资产负债表是国际上通用的财务报表，表中数据可由其他报表直接引入或经适当计算后列入，以反映企业某一特定日期的财务状况。编制过程中应实现资产与负债和所有者权益的自然平衡。与实际企业相比，财务分析中资产负债表的科目可以适当简化，反映的是各年年末的财务状况，必要时也可以按"有项目"的范围编制。其格式参见表6-6。

资　产　负　债　表（单位：万元）　　　　表6-6

序号	项　　目	计　算　期					
		1	2	3	4	…	n
1	资产						
1.1	流动资产总额						
1.1.1	货币资金						
1.1.2	应收账款						
1.1.3	预付账款						
1.1.4	存货						
1.1.5	其他						
1.2	在建工程						
1.3	固定资产净值						
1.4	无形及其他资产净值						
2	负债及所有者权益（2.4+2.5）						
2.1	流动负债总额						

续上表

序号	项　目	计　算　期					
		1	2	3	4	…	n
2.1.1	短期借款						
2.1.2	应付账款						
2.1.3	预售账款						
2.1.4	其他						
2.2	建设资金借款						
2.3	流动资金借款						
2.4	负债小计（2.1+2.2+2.3）						
2.5	所有者权益						
2.5.1	实收资本						
2.5.2	资本公积						
2.5.3	累计盈余公积金						
2.5.4	累计未分配利润						

根据企业资产负债表的数据可以计算资产负债表、流动比率、速动比率等比率指标，用以考察企业的财务状况。

2）偿债能力分析

根据借款还本付息计划表数据与利润表以及总成本费用表的有关数据可以计算利息备付率、偿债备付率指标，指标的含义和计算要点如下：

（1）利息备付率。

利息备付率是指在借款偿还期内的息税前利润与当年应付利息的比值，它从付息资金来源的充裕性角度反映支付债务利息的能力。利息备付率的含义和计算公式均与财政部门对企业绩效评价的"已获利息倍数"指标相同。息税前利润等于利润总额和当年应付利息之和，当年应付利息是指计入总成本费用的全部利息。利息备付率计算公式如下：

$$利息备付率 = \frac{息税前利润}{应付利息额} \tag{6-11}$$

利息备付率应分年计算，分别计算在债务偿还期内各年的利息备付率。若偿还前期的利息备付率数值偏低，为付息所用，也可以补充计算债务偿还期内的年平均利息备付率。

利息备付率表示利息支付的保证倍率，对于正常经营的企业，利息备付率至少应大于1，一般不宜低于2，并结合债权人的要求确定。利息备付率高，说明利息支付的保证度大，偿债风险小；利息备付率低于1，表示没有足够的资金支付利息，偿债风险很大。

（2）偿债备付率。

偿债备付率从偿债资金来源的充裕性角度反映偿付债务本息的能力，是指在债务偿还期内可用于计算还本付息的资金与当年应还本付息额的比值。其中，可用于计算还本付息的资金是指息税折旧摊销前利润（EBITDA，息税前利润加上折旧和摊销）减去所得税后的余额；当年应还本付息金额包括还本金额及计入总成本费用的全部利息。国内外也有其他略有不同的计算偿债备付率的公式。

$$偿债备付率 = \frac{息税折旧摊销前利润 - 所得税}{应还本付息额} \qquad (6-12)$$

如果运营期间支出了维护运营的投资费用，应从分子中扣减。

偿债备付率应分年计算，分别计算在债务偿还期内各年的偿债备付率。若偿还前期的偿债备付率数值偏低，为分析所用，也可以补充计算债务偿还期内的年平均偿债备付率。

偿债备付率表示偿付债务本息的保证倍率，至少应大于1，一般不宜低于1.3，并结合债权人的要求确定。偿债备付率低，说明偿付债务本息的资金不充足，偿债风险大。当这一指标小于1时，表示可用于计算还本付息的资金不足以偿付当年债务。

例6-2　某项目与备付率指标有关的数据见表6-7，试计算利息备付率和偿债备付率。

某项目与备付率指标有关的数据（单位：万元）　　　　表6-7

项　　目	第2年	第3年	第4年	第5年	第6年
应还本付息额	97.8	97.8	97.8	97.8	97.8
应付利息额	24.7	20.3	15.7	10.8	5.5
息税前利润	43.0	219.9	219.9	219.9	219.9
折旧	172.4	172.4	172.4	172.4	172.4
所得税	6.0	65.9	67.4	69.0	70.8

解：根据表6-7中的数据计算的备付率指标见表6-8。

某项目利息备付率与偿债备付率指标（单位：万元） 表6-8

项　　目	第2年	第3年	第4年	第5年	第6年
应还本付息额	1.74	10.83	14.00	20.36	39.98
应付利息额	2.14	3.34	3.32	3.31	3.29

计算结果分析：由于投产后第1年负荷低，同时利息负担大，所以利息备付率较低，但这种状况从投产后第2年起就得到了彻底地转变。

6.2　工程项目经济分析

经济分析又称国民经济评价，是对投资项目进行决策分析与评价，判定其经济合理性的一项重要工作。

本节介绍经济分析的作用、基本方法、适用范围、经济效益与费用识别和估算、经济费用效益分析方法、经济费用效果分析方法、经济影响分析方法等。

6.2.1　经济分析概述

经济分析是按合理配置资源的原则，采用社会折现率、影子汇率、影子工资和货物影子价格等经济分析参数，从项目对社会经济所做贡献以及社会经济为项目付出代价的角度，识别项目的效益和费用，分析计算项目对社会经济（社会福利）的净贡献，评价项目投资的经济效率，也即经济合理性。

1）经济分析的作用

（1）评价项目的经济合理性。

财务分析主要是从企业（财务主体）投资者的角度考察项目的效益。由于企业利益并不总是与国家和社会利益完全一致，项目的财务盈利性至少在以下4个方面可能难以全面正确地反映项目的经济合理性：① 国家给予项目补贴；② 企业向国家缴税；③ 某些货物市场价格可能的扭曲；④ 项目的外部效果（间接效益和间接费用）。因而需要从项目对社会资源增加所做贡献和项目引起社会资源耗费增加的角度进行项目的经济分析，以便正确反映项目对社会福利的净贡献。

（2）为政府合理配置资源提供依据。

合理配置有限的资源（包括劳动力、土地、各种自然资源、资金等）是人类经济发展所面临的共同问题。在完全的市场经济状态下，可通过市场机制调节资源的流向，实现资源的优化配置。在非完全的市场经济中，需要政府在资源配置中发挥调节作用。但是由于市场本身的原因及政府不恰当的干预，可能导致市场配置资源的失灵。

项目的经济分析对项目的资源配置效率，即项目的经济效益（或效果）进行分析评价，可为政府的资源配置决策提供依据，提高资源配置的有效性。主要体现在以下两个方面：

① 对那些财务效益虽好但经济效益差的项目实行限制。

政府在审批或核准项目的过程中，对那些本身财务效益好但经济效益差的项目实行限制，使有限的社会资源得到更有效的利用。

② 对那些财务效益虽差但经济效益好的项目予以鼓励。

对那些本身财务效益差但经济效益好的项目，政府可以采取某些支持措施鼓励项目的建设，促进对社会资源的有效利用。

a.政府审批或核准项目的重要依据。

在我国新的投资体制下，国家对项目的审批和核准重点放在项目的外部性、公共性方面，而经济分析强调对项目的外部效果进行分析，可以作为政府审批或核准项目的重要依据。

b.为市场化运作的基础设施等项目提供制定财务方案的依据。

对部分或完全市场化运作的基础设施等项目，可通过经济分析来论证项目的经济价值，为制定财务方案提供依据。

c.比选和优化项目（方案）的重要作用。

在项目决策分析与评价的全过程中强调方案比选，为提高资源配置的有效性，方案比选应根据能反映资源真实经济价值的相关数据进行，这需要依赖与经济分析，因此经济分析在方案比选和优化中可发挥重要作用。

d.有助于实现企业利益、地区利益与全社会利益有机地结合和平衡。

国家实行审批和批准的项目，应当特别强调要从社会经济的角度评价和考察，支持和发展对社会经济贡献大的产业项目，并特别注意限制和制止对社会经济贡献小甚至有负面影响的项目。正确运用经济分析方法，在项目决策中可以有效地察觉盲目建设、重复建设项目，实现企业利益、地区利益与全社会利益有机地结合与平衡。

2) 经济分析的基本方法

（1）经济分析遵循项目评价的"有无对比"原则，采用"有无对比"方法识别项目的效益和费用。

（2）经济分析采用影子价格（或称计算价格）估算各项效益和费用。

（3）经济分析采用费用效益分析或费用效果分析方法，寻求以最小的投入（费用）获取最大的产出（效益或效果）。

（4）经济费用效益分析采用费用效益流量分析方法，计算经济内部收益率、经济净现值等指标，从资源配置角度评价项目的经济效率是否达到要求；经济费用效果分析对费用和效果采用不同的度量方法，计算效果费用比或费用效果比指标。

3) 经济分析与财务分析的异同与联系

（1）经济分析与财务分析的主要区别，见表6-9。

经济分析与财务分析的主要区别　　　　表6-9

主要区别	财务分析	经济分析
分析角度和出发点不同	从项目的财务主体、投资者甚至债权人角度，分析项目的财务效益的财务可持续性，分析投资各方的实际收益或损失，分析投资或贷款的风险及收益	从全社会的角度分析评价项目对社会经济的净贡献
效益和费用的含义及范围划分不同	只根据项目直接发生的财务收支，计算项目的直接效益和费用，称为现金流入和现金流出	从全社会的角度考察项目的效益和费用，不仅要考虑直接的效益和费用，还要考虑间接地效益和费用，称为效益流量和费用流量。同时，从全社会的角度考虑，项目的有些财务收入或支出不能作为效益或费用，例如企业向政府缴纳的大部分税金和政府给予企业的补贴等
采用的价格体系不同	使用预测的财务收支价格体系，可以考虑通货膨胀因素	使用影子价格体系，不考虑通货膨胀因素
分析内容不同	包括盈利能力分析、偿债能力分析和财务生存能力分析	只有盈利性分析，即经济效率分析
基准参数不同	最主要的基准参数是财务基准收益率	以社会折现率为基准参数
计算期可能不同	根据项目实际情况，经济分析计算期可长于财务分析计算期	

（2）经济分析与财务分析的相同之处。

① 两者都采用效益与费用比较的理论方法。

② 两者都遵循效益和费用识别的有无对比原则。

③ 两者都根据资金时间价值原理，进行动态分析，计算内部收益率和净现值等指标。

（3）经济分析与财务分析之间的联系：

经济分析与财务分析之间联系密切。在很多情况下，经济分析是在财务分析的基础之上进行的，通常以财务分析中所估算的财务数据为基础进行调整计算，得到经济效益和费用数据。经济分析也可以独立进行，即在项目的财务分析之前就进行经济分析。

6.2.2 经济效益与费用的识别与计算

经济分析是对投资项目进行决策分析与评价，判定其经济合理性的一项重要工作。进行经济分析的首要工作是对经济效益与费用识别和估算。

1）经济效益与费用识别的基本要求

（1）对经济效益与费用进行全面识别。

凡项目对社会经济所作的贡献，均记为项目的经济效益，包括项目的直接效益和间接效益。凡社会经济为项目所付出的代价（即社会资源的耗费，或称社会成本）均记为项目的经济费用，包括直接费用和间接费用。因此，经济分析应考虑关联效果，对项目涉及的所有社会成员的有关效益和费用进行全面识别。

（2）遵循有无对比原则。

识别项目的经济效益和费用，要从有无对比的角度进行分析，将"有项目"（项目实施）与"无项目"（项目不实施）的情况加以对比，以确定某项效益或费用的存在。

（3）遵循效益与费用识别和计算口径对应一致的基本原则。

效益与费用识别和计算口径对应一致是正确估算项目净效益的基础，特别是经济分析。因为经济分析中既包括直接效益和直接费用，也包括间接效益和间接费用，识别时要给予充分关注。

（4）合理确定经济效益与费用识别的时间跨度。

经济效益与费用识别的时间跨度应足以包含项目所产生的全部重要效益和费用，不完全受财务分析计算期的限制。不仅要分析项目的近期影响，还可能需要分析项目将带来的中期、远期影响。

（5）正确处理"转移支付"。

正确处理"转移支付"是经济效益与费用识别的关键。对社会成员之间发生的财务收入与支出，应从是否增加社会资源和是否增加社会资源消耗的角度出发加以识别。将不增加社会资源财富的财务收入（如政府给企业的补贴）和不增加社会资源消耗的财务支出（如企业向政府缴纳的所得税）视作社会成员之间的"转移支付"，不作为经济分析中的效益和费用。

（6）遵循以本国社会成员作为分析对象的原则。

经济效益与费用的识别应以本国社会成员作为分析对象。对于跨越国界，对本国之外的其他社会成员也产生影响的项目，应重点分析项目给本国社会成员带来的效益和费用，项目对国外社会成员所产生的影响应予单独陈述。

2）直接效益与直接费用的识别与计算

（1）直接效益。

项目直接效益是指由项目产出（包括产品和服务）带来的，并在项目范围内计算，体现为生产者和消费者受益的经济效益，一般表现为项目为社会生产提供的物质产品、科技文化成果和各种各样的服务所产生的效益。例如，工业项目生产的产品、矿产开采项目开采的矿产品、邮电通信项目提供的邮电通信服务等满足社会需求的效益，运输项目提供运输服务满足人流物流需要、节约时间的效益，医院提供医疗服务满足人们增进健康、减少死亡的需求，学校提供的学生就学机会满足人们对文化、技能提高的要求，生产者获得的成本节约，等。

项目直接效益有以下多种表现：

① 项目产出用于满足国内新增加的需求时，项目直接效益表现为国内新增需求的支付意愿。

② 当项目的产出用于替代其他厂商的产品或服务时，使被替代厂商减产或停产，从而使其他厂商耗用的社会资源得到节省，项目直接效益表现为这些资源的节省。

③ 当项目的产出直接出口或者可替代进口商品，从而导致进口减少时，项目直接效益还表现为国家外汇收入的增加或支出的减少。

④ 对于一些目标旨在提供社会服务的行业项目，其产生的经济效益与在财务分析中所描述的营业收入无关。例如，交通运输项目产生的经济效益体现为时间节约、运输成本降低等，教育项目、医疗卫生和卫生保健项目等产生的经济效

益体现为人力资本增值、生命延续或疾病预防等。

（2）直接费用。

项目直接费用是指项目使用社会资源投入所产生并在项目范围内计算的经济费用，一般表现为投入项目的各种物料、人工、资金、技术以及自然资源而带来的社会资源的消耗。

项目直接费用也有以下多种表现：

① 当社会扩大生产规模满足项目对投入的需求时，项目直接费用表现为社会扩大生产规模所增加耗用的社会资源价值。

② 当社会不能增加供给时，导致其他人被迫放弃使用这些资源来满足项目的需要，项目直接费用表现为社会因其他人被迫放弃使用这些资源而损失的效益。

③ 当项目的投入导致进口增加或减少出口时，项目直接费用还表现为国家外汇支出的增加或外汇收入的减少。

直接费用一般在项目的财务分析中已经得到反映，尽管有时这些反映会有一定程度的价值失真。对于价值失真的直接费用在经济分析中应按影子价格重新计算。

（3）转移支付。

项目的有些财务收入和支出，是社会经济内部成员之间的"转移支付"。从社会经济角度看，并没有造成资源的实际增加或减少，不应计作经济效益或费用。经济分析中，转移支付主要包括项目（企业）向政府缴纳的所得税、增值税、消费税等，政府给予项目（企业）的各种补贴，项目向国内银行等金融机构支付的贷款利息和获得的存款利息。在财务分析基础上调整进行经济分析时，要注意从财务效益和费用中剔除转移支付部分。

需要注意的是，有些税费体现的是资源价值的补偿，若没有更好的方式体现资源真实价值时，一般可暂不作为转移支付处理，主要有体现资源稀缺价值的资源税和补偿费、体现环境价值补偿的税费等。

3）间接效益与间接费用的识别与计算

在经济分析中应关注项目外部效果。拟建项目会对项目以外产生诸多影响，包括正面影响和负面影响，可将这些影响统称为外部效果。外部效果是指项目的产出或投入给他人（生产者和消费者之外的第三方）带来了效益或费用，但项目本身却未因此获得收入或付出代价。习惯上也把外部效果分为间接效益（外部效益）和间接费用（外部费用）。

（1）间接效益。

间接效益是指由项目引起的，在直接效益中没有得到反映的效益。

① 劳动力培训效果。

项目使用劳动力，使非技术劳动力经训练而转变为技术劳动力，引起人力资本增值的效果。但这类外部效果通常难于定量计算，一般只作定性说明。

② 技术扩散效果。

先进技术项目的实施，由于技术人员的流动，技术在社会上扩散和推广，整个社会都将受益。这类外部效果影响明显并可以设法货币量化，应予定量计算，否则可只作定性说明。

③ 环境改善的效益。

某些项目在为社会提供产品或服务的同时，有可能对环境产生有利影响，例如，林业项目对气候的影响进而导致农业增产的效益，某些旨在提高质量、降低成本的项目，由于技术、设备或原料的改变导致环境质量的改善、污染物处理费用的降低等。这类间接效益应尽可能量化和货币化。

④ "上、下游" 企业相邻效果。

"上、下游" 企业相邻效果是指项目对上、下游产业链的影响。项目的 "上游" 企业是指为该项目提供原材料或半成品的企业。项目的实施可能会刺激这些上游企业得到发展，增加新的生产能力或使原有生产能力得到更充分的利用。例如，兴建汽车厂会对为汽车厂生产零部件的企业产生刺激，对钢铁生产企业产生刺激。项目的 "下游" 企业是指使用项目的产出作为原材料或半成品的企业。项目的产出可能会对下游企业的经济效益产生影响，使其闲置的生产能力得到充分利用，或使其节约生产成本。例如，兴建大型乙烯联合企业可满足对石化原料日益增长的需求，刺激乙烯下游加工行业的发展。

很多情况下，项目对 "上、下游" 企业的相邻效果可以在项目的投入和产出的影子价格中得到反映，不再计算间接效益。例如，大型乙烯项目的产品价格已经市场化或以进口替代计算其影子价格，就不应再计算下游加工行业受到刺激增加生产带来的间接效益。也有些间接影响难以反映在影子价格中，需要作为项目的外部效果计算。

⑤ 乘数效果。

乘数效果是指项目的实施使原来闲置的资源得到利用，从而产生一系列的连锁反应，刺激该地区经济发展乃至影响其他地区。在对经济尚不发达地区的项目进行经济分析时可能会需要考虑这种乘数效果，特别应注意选择乘数效果大的项目作为扶贫项目。需注意不宜连续扩展计算乘数效果。如果同时对该项目进行经济影响分析，该乘数效果可以在经济影响分析中体现。

（2）间接费用。

间接费用是指由项目引起的，在直接费用中没有得到反映的费用。通常，项目对环境及生态的不利影响是不少项目主要的间接费用。例如，矿业、工业项目通常会对大气、水体和土地造成一定污染，给养殖业带来损失等。严重的甚至会造成生态破坏，进而对人类产生不利影响。尽管我国有严格的环境影响评价制度，要求污染物达标排放，但这种影响仍然会或多或少存在。这种间接费用虽然较难计算，但必须予以重视。有时也可按同类企业所造成的损失估计，或按环境补偿费用和恢复环境质量所需的费用估计等。实在不能定量计算的，应作定性描述。

（3）识别计算说明。

① 在识别计算项目的外部效果时须注意不能重复计算。特别要注意那些在直接效益和费用中已经计入的不应再在外部效果中计算，同时还要注意所考虑的外部效果是否确应归于所评价的项目。在考虑外部效果时，特别需要避免发生重复计算和虚假扩大项目间接效益的问题。如果项目产出以影子价格计算的效益已经将部分外部效果考虑在内了，就不必再计算该部分外部效果；项目投入的影子价格大多数也已经充分计算了投入的社会成本，不应再重复计算间接的上游效益。有些间接效益能否完全归属所评价的项目，往往也是需要仔细论证的。比如一个地区的经济发展制约因素往往不止一个，可能有能源、交通运输、通信等，瓶颈环节有多个，不能简单地归于某一个项目。例如，在评价交通运输项目时，要考虑到其他瓶颈制约因素对当地经济发展的影响，不能把当地经济增长都归因于该项目。

② 可以采用调整项目范围的办法,解决项目外部效果计算上的困难。由于项目外部效果计算上有困难，有时可以采用调整项目范围的方法，将项目的外部效果变为项目以内。调整项目范围的一种方法是将项目的范围扩大，将具有关联性的几个项目合成一个"项目群"进行经济分析，这样就可以将这几个项目之间的相互支付转化为项目内部，从而相互抵消。例如，在评价相互联系的煤矿、铁路运输和火力发电项目时，可以将这些项目合成一个大的综合能源项目，这些项目之间的相互支付就转为大项目内部。

③ 项目的外部效果往往体现在对区域经济和宏观经济的影响上，对于影响

较大的项目，需要专门进行经济影响分析，同时可以适当简化经济费用效益分析中的外部效果分析。

6.2.3　投入产出经济价格的确定

1）投入产出经济价格的含义

投入产出经济价格通常称为影子价格，是进行项目经济分析专用的计算价格。影子价格依据经济分析的定价原则测定，反映项目投入和产出的真实经济价值，反映市场供求关系，反映资源稀缺程度，反映资源合理配置的要求。进行项目的经济分析时，项目的主要投入和产出，原则上应采用影子价格。

影子价格理论最初来自求解数学规划，在求解一个"目标"最大化数学规划的过程中，发现每种"资源"对于"目标"有着边际贡献。即这种"资源"每增加一个单位，"目标"就会增加一定的单位，不同的"资源"有着不同的边际贡献。这种"资源"对于目标的边际贡献被定义为"资源"的影子价格。经济分析中采用了这种影子价格的基本思想，采取不同于财务价格的影子价格衡量项目耗用资源及产出贡献的真实价值。

影子价格应当根据项目的投入和产出对社会经济的影响，从"有无对比"的角度研究确定。项目使用了资源，将造成两种影响：对社会经济造成资源消耗或挤占其他用户的使用；项目生产的产品及提供的服务，也会造成两种影响：用户使用得到效益和挤占其他供应者的市场份额。

根据货物（广义的货物指项目的各种投入和产出）的可外贸性，将货物分为可外贸货物和非外贸货物；根据货物价格机制的不同，分为市场定价货物和非市场定价货物。可外贸货物通常属于市场定价货物。非外贸货物中既有市场定价货物，也有非市场定价货物。土地、劳动力和自然资源有其特殊性，被归类为特殊投入。

在明确货物类型之后，即可有针对性地采取适当的定价原则和方法。

2）市场定价货物的经济价格确定

随着我国市场经济的发展和国际贸易的增长，大部分货物已经主要由市场定价，政府不再进行管制和干预。市场价格由市场形成，可以近似反映支付意愿或机会成本。

进行项目经济分析应采用市场价格作为市场定价货物的影子价格的基础，另外加上或者减去相应的物流费用作为项目投入或产出的"厂门口"（进厂或出厂）

影子价格。

（1）可外贸货物影子价格。

① 项目使用或生产可外贸货物，将直接或间接影响国家对这种货物的进口或出口。包括项目产出直接出口、间接出口和替代进口。

② 项目投入直接进口、间接进口和减少出口。

原则上，对于那些对进出口有不同影响的货物，应当根据不同情况，采取不同的影子价格定价方法。但在实践中，为了简化工作，可以只对项目投入中直接进口的和产出中直接出口的，以进出口价格为基础确定影子价格。对于其他几种情况仍按国内市场价格定价。

$$\text{直接进口的投入的影子价格(到厂价)}=\text{到岸价（CIF）}\times\text{影子汇率}+\text{进口费用} \qquad (6\text{-}13)$$

$$\text{直接出口的产出的影子价格(出厂价)}=\text{离岸价（FOB）}\times\text{影子汇率}-\text{出口费用} \qquad (6\text{-}14)$$

式中，影子汇率是指外汇的影子价格，应能正确反映国家外汇的经济价值，由国家指定的专门机构统一发布。

进口费用和出口费用是指货物进出口环节在国内所发生的各种相关费用，包括货物的交易、储运、再包装、短距离倒运、装卸、保险、检验等物流环节上的费用支出，也包括物流环节中的损失、损耗以及资金占用的机会成本，还包括工厂与口岸之间的长途运输费用。对进口费用和出口费用都用人民币计价，一般情况下可直接按财物价值取值。

例6-3　某货物A进口到岸价为100美元/t，某货物B出口离岸价也为100美元/t，进口费用和出口费用分别为50元/t和40元/t（取其财物价值），若影子汇率1美元=7.02元人民币，试计算货物A的影子价格（到厂价）以及货物B的影子价格（出厂价）。

解：货物A的影子价格为：

$$100\times7.02+50=752（元/t）$$

货物B的影子价格为：

$$100\times7.02-40=662（元/t）$$

（2）市场定价的非外贸货物影子价格。

① 价格完全取决于市场的，且不直接进出口的项目投入和产出，按照非外贸货物定价，其国内市场价格作为确定影子价格的基础，并按下式换算为到厂价和出厂价：

$$投入影子价格（到厂价）=市场价格+国内运杂费 \qquad (6-15)$$

$$产出影子价格（出厂价）=市场价格-国内运杂费 \qquad (6-16)$$

② 产出的影子价格是否含增值税销项税额（以下简称含税），投入的影子价格是否含增值税进项税额（以下简称含税），应分析货物的供求情况，采取不同的方式处理。

a. 项目产出。

a）若项目产出的需求空间较大，项目的产出对市场价格影响不大，影子价格按消费者支付意愿确定，即采用含税的市场价格。

b）若项目产出用以顶替原有市场供应的，也即挤占其他厂商的市场份额，应该用节约的社会成本作为影子价格，这里节约的社会成本是指其他生产厂商减产或停产所带来的社会资源节省。对于市场定价的货物，其不含税的市场价格可以看作其社会成本。

对于可能导致其他企业减产或停产，产出质量又相同的，甚至可以按被替代企业的分解可变成本定价（即定位于不合理重复建设的情况）。

b. 项目投入。

a）若该投入的生产能力较富余或较容易扩容来满足项目的需要，可通过新增供应来满足项目需求的，采用社会成本作为影子价格，这里社会成本是指社会资源的新增消耗。

对于市场定价的货物，其不含税的市场价格可以看作其社会成本。

对于价格受到管制的货物，其社会成本通过分解成本法确定。若通过新增投资增加供应的按全部成本计算分解成本，而通过挖潜增加供应的，按可变成本计算分解成本。

b）若该投入供应紧张，短期内无法通过增产或扩容来满足项目投入的需要，只能排挤原有用户来满足项目需求的，影子价格按支付意愿确定，即采用含税的市场价格。

c）若没有可能判别出产出是增加供给还是挤占原有供给，或投入供应是否紧张，也可简化处理为：产出的影子价格一般采用含税的市场价格；投入的影子价格一般采用不含税的市场价格。为避免效益高估，从稳妥原则出发，这种方法要慎重采用。

如果项目产出或投入数量大到影响了其市场价格，导致"有项目"和"无项目"两种情况价格不一致，可取两者的平均值作为确定影子价格的基础。

例6-4　某制造业项目生产的产品中包括市场急需的产品C，预测的目标市场价格为12000元/t（含税），项目到目标市场运杂费为200元/t，在进行经济费用效益分析时，请确定该产品的影子价格。

解：经预测，在相当长的时期内，产品C市场需求空间较大，项目的产出对市场价格影响不大，应该按消费者支付意愿确定影子价格，即采用含增值税销项税额的市场价格为基础确定其出厂影子价格。该项目应该采用的产品C出厂影子价格为：

$$12000-200=11800 \text{（元/t）}$$

3）不具备市场价格的产出效果经济价格确定

某些项目的产出效果没有市场价格，或市场价格不能反映其经济价值，特别是项目的外部效果往往很难有实际价格计量。对于这种情况，应遵循消费者支付意愿和（或）接受补偿意愿的原则，采取以下两种方法测算影子价格。

（1）根据消费者支付意愿的原则，通过其他相关市场信号，按照"显示偏好"的方法，寻找揭示这些影响的隐含价值，间接估算产出效果的影子价格。

（2）按照"陈述偏好"的意愿调查方法，分析调查对象的支付意愿或接受补偿意愿，通过判断，间接估算产出效果的影子价格。

4）政府调控价格货物经济价格确定

我国尚有少部分产品或服务，如电、水和铁路运输等，不完全由市场机制决定价格，而是由政府调控价格。政府调控价格包括政府定价、指导价、最高限价等。这些产品或者服务的价格不能完全反映其真实的经济价值。

（1）成本分解法。

成本分解法是确定非外贸货物影子价格的一种重要方法，通过对某种货物的边际成本进行分解并用影子价格进行调整换算，得到该货物的分解成本。分解成本是指某种货物的生产所需要耗费的全部社会资源的价值，包括各种物料、人工、土地等的投入，各种耗费都需要用影子价格重新计算。另外还包括按资金时间价值原理计算的资金回收费用，具体步骤如下：

① 数据准备。

a.列出该非外贸货物按生产费用要素计算的单位财务成本。其中主要要素有原材料、燃料和动力、职工薪酬、折旧费、修理费、流动资金借款利息及其他支出，对其中重要的原材料、燃料和动力，要详细列出价格、耗用量和金额。

b.列出单位货物所占用的固定资产原值，以及占用流动资金数额。

c.调查确定或设定该货物生产厂的建设期和建设期各年投资比例。

d.经济寿命期限。

e.寿命期终结时的资产余值。

② 确定重要原材料、燃料、动力、职工薪酬等投入的影子价格，以便计算单位经济费用。

③ 对建设投资进行调整和等值计算。按照建设期各年投资比例，计算出建设期各年建设投资额，用下式把分年建设投资额换算到生产期初：

$$I_F = \sum_{t=1}^{n_1} I_t (1 + i_s)^{n_1 - t} \tag{6-17}$$

式中：I_F——等值计算到生产期初的单位建设投资；

I_t——建设期各年调整后的单位建设投资（元）；

n_1——建设期（年）；

i_s——社会折现率（%）。

a.用固定资金回收费用取代财务成本中的折旧费。

设每单位该货物的固定资金回收费用为 M_F，

不考虑固定资产余值回收时为：

$$M_F = I_F \times (A/P, i_s, n_2) \tag{6-18}$$

考虑固定资产余值回收时为：

$$M_F = (I_F - S_V) \times (A/P, i_s, n_2) + S_V \times i_s \tag{6-19}$$

式中：　S_V——计算期末回收的固定资产余值；

n_2——生产期；

$(A/P, i_s, n_2)$——资金回收系数。

b.用流动资金回收费用取代财务成本中的流动资金利息。

设每单位该货物的流动资金回收费用为 M_ω，则有：

$$M_\omega = W \times i_s \tag{6-20}$$

式中：W——单位该货物占用的流动资金。

c.财务成本中的其他科目可不予调整。

d.完成上述调整后，各项经济费用总额即为该货物的分解成本，作为影子价格。

（2）3种主要的政府调控价格产品及服务的影子价格。

① 电价。

作为项目的投入时，电力的影子价格可以按成本分解法测定。一般情况下应当按照当地的电力供应完全成本口径的分解成本定价。有些地区，若存在阶段性的电力过剩，可以按电力生产的可变成本分解定价。水电的影子价格可按替代的火电分解成本定价。

作为项目的产出时，电力的影子价格应当按照电力对于当地经济的边际贡献测定。作为项目的产出时，电力的影子价格应体现消费者支付意愿，最好按照电力对于当地经济的边际贡献测定。无法测定时，可参照火电的分解成本，按高于或等于火电的分解成本定价。

目前水电项目经济分析中的发电效益习惯采用最优等效替代项目的费用估算，即按照发电量相同的火电项目的年费用作为水电项目的发电经济效益估算的基础。

② 交通运输服务。

交通运输作为项目投入时，一般情况下按完全成本分解定价。

交通运输作为项目产出时，经济效益的计算不考虑服务收费收入，而是采取专门的方法，按替代运输量（或转移运输量）和正常运输量的时间节约效益、运输成本节约效益、交通事故减少效益以及诱增运输量的效益等测算。

③ 水价。

作为项目投入时，按后备水源的成本分解定价，或者按照恢复水功能的成本定价。作为项目产出时，水的影子价格按消费者支付意愿或者按消费者承受能力加政府补贴测定。

5）特殊投入经济价格确定

项目的特殊投入主要包括劳动力、土地和自然资源，其影子价格需要采取特定的方法确定。

（1）劳动力的影子价格——影子工资。

劳动力作为一种资源，项目使用了劳动力，社会要为此付出代价，经济分析中用"影子工资"来表示这种代价。影子工资是指项目使用劳动力，社会为此付出的代价，包括劳动力的机会成本和劳动力转移而引起的新增资源消耗。

劳动力机会成本是指拟建项目占用的劳动力，因而不能再用于其他地方或享受闲暇时间而被迫放弃的价值，应根据项目所在地的人力资源市场及就业状况、劳动力来源以及技术熟练程度等方面分析确定。技术熟练程度要求高的、稀缺的劳动力，其机会成本高，反之，机会成本低。劳动力的机会成本是影子工资的主要组成部分。

新增资源消耗是指劳动力在本项目新就业或由原来的岗位转移到本项目而发生的经济资源消耗，包括迁移费、新增的城市基础设施配套等相关投资和费用。

（2）土地影子价格。

在我国，土地是一种稀缺资源。项目占用了土地，社会就为此付出了代价，无论是否实际需要支付费用，都应根据机会成本或消费者支付意愿计算土地影子价格。土地的地理位置对土地的机会成本或消费者支付意愿影响很大，因此，土地的地理位置是影响土地影子价格的关键因素。

土地为稀缺资源，其影子价格应反映其稀缺价值。我国的土地资源日趋紧缺，政府也因此对土地利用采取更加严格的管理，在这种形势下，土地影子价格的确定应就高不就低。土地影子价格应当不低于项目取得土地使用权的成本加上政府为此付出的补贴或者政府给予的优惠（如果有的话），如果根据机会成本估算出来的土地影子价格较低，应当以项目取得土地使用权的成本加上政府为此付出的补贴或者政府给予的优惠（如果有的话）作为土地的影子价格。

①非生产性用地的土地影子价格。

项目占用住宅区、休闲区等非生产性用地，市场完善的，应根据市场交易价格作为土地影子价格；市场不完善的或无市场交易价格的，应按消费者支付意愿确定土地影子价格。

②生产性用地的土地影子价格。

项目占用生产性用地主要指农业、林业、牧业、渔业及其他生产性用地，按照这些生产用地的机会成本及因改变土地用途而发生的新增资源消耗进行计算。即：

$$土地影子价格=土地机会成本+新增资源消耗$$

a. 土地机会成本。

土地机会成本按照项目占用土地而使社会成员由此损失的该土地"最佳可行替代用途"的净效益计算。通常，该净效益应按影子价格重新计算，并用项目计算期各年净效益的现值表示。

土地机会成本估算中应注意：a）原有用途往往不是最佳可行替代用途，按原有用途、原有数据估算，往往会造成低估。b）要用发展的眼光看待"最佳可行替代用途"。当前，占用农用地建设工程项目的机会很多，应根据当地社会、经济发展规划和土地利用规划来确定"最佳可行替代用途"。如果已规划为建设用地，则应将建设用地作为最佳可行替代用途，而不是农用地。

农用地土地机会成本的计算过程中应适当考虑净效益的递增速度以及净效益计算基年距开工年的年数。

土地机会成本计算公式为：

$$OC = NB_0(1 + g)^{\tau+1} \times [1 - (1 + g)^n(1 + i_s)^{-n}]/(i_s - g) \tag{6-21}$$

式中：OC——土地机会成本；

$\quad n$——项目计算期；

$\quad NB_0$——基年土地的最佳可行替代用途的净效益（用影子价格计算）；

$\quad \tau$——净效益计算基年距开工年的年数；

$\quad g$——土地的最佳可行替代用途的年平均净效益增长率；

$\quad i_s$——社会折现率（$i_s \neq g$）。

例6-5　某项目拟占用农业用地1000亩[1]。经调查，该地的各种可行的替代用途中最大净效益为6000元/亩（采用影子价格计算的每亩土地年平均净效益）。在项目计算期20年内，估计该最佳可行替代用途的年净效益按平均递增2%的速度上升（$g=2\%$）。预计项目第二年开始建设，所以$\tau=1$，社会折现率$i_s=8\%$。请计算该项目占用农用地的土地机会成本。

解：根据每亩年净效益数据计算每亩土地的机会成本：

$$OC = \frac{6000 \times (1 + 2\%)^1 + 1 \times [1 - (1 + 2\%)^{20}(1 + 8\%)^{-20}]}{8\% - 2\%} = 70871 （元）$$

则占用1000亩土地的机会成本为：70871×1000=7087（万元）。

---

b.新增资源消耗。

新增资源消耗应按照在"有项目"情况下土地的占用造成原有地上附属物财产的损失及其他资源耗费来计算。项目经济分析中补偿费用一般可按相关规定的高限估算。由政府出资拆迁安置的，其费用也应计入新增资源消耗。

---

[1]　1亩=666.7m²，下同。

165

业主自行开发土地的，土地平整等开发成本通常应计入工程建设投资中，在土地影子费用估算中不再重复计算。

由开发区管委会负责开发的，或者政府给予补贴的，其费用应包括在土地影子费用中。

c.实际征地费用的分解。

实际的项目评价中，土地的影子价格可以从投资估算中土地费用的财物价值出发，进行调整计算。由于各地土地征收的费用标准不完全相同，在经济分析中须注意项目所在地区征地费用的标准和范围。一般情况下，项目的实际征地费用可以划分为三部分，分别按照不同的方法调整：

a）属于机会成本性质的费用，如土地补偿、青苗补偿费等，按照机会成本计算方法调整计算。

b）属于新增资源消耗的费用，如征地动迁费、安置补助费和地上附着物补偿费等，按影子价格计算。

c）一般而言，政府征收的税费属于转移支付。但从我国耕地资源的稀缺程度考虑，征地费用中所包括的耕地占用税应当计入土地经济费用。

d）已经在建或正在规划中的经济开发区和工业园区的土地，其用途已不再是农用地，应参照市场价格确定土地影子价格。

（3）自然资源影子价格。

在经济分析中，各种有限的自然资源也被归类为特殊投入。项目使用了自然资源，社会经济就为之付出了代价。如果该资源的市场价格不能反映其经济价值，或者项目并未支付费用，该代价应该用表示该资源经济价值的影子价格表示，而不是市场价格。矿产等不可再生资源的影子价格应当按该资源用于其他用途的机会成本计算，水和森林等可再生资源的影子价格可以按资源再生费用计算。为方便测算，自然资源影子价格也可以通过投入替代方案的费用确定。

当以上方法难以具体应用时，作为投入的不可再生矿产资源的影子价格可简化为市场价格（含增值税进项税额，也包含资源税），作为其影子价格的最低值。理由是：尽管作为政府征收的资源税有"转移支付"之嫌，但在对资源稀缺价值暂时难以度量的情况下，姑且将资源税作为资源稀缺价值的一种体现，尽管这种体现仍然可能是不充分的。

6）特殊产出经济价格确定

项目的特殊产出主要包括人力资本、生命价值、时间节约和环境价值等，其影子价格需要采取特定的方法确定。

（1）人力资源和生命价值的估算。

某些项目的产出效果表现为对人力资本、生命延续或疾病预防等方面的影响，如教育项目、医疗卫生和卫生保健项目等，应根据项目的具体情况，测算人力资本增值的价值、可能减少死亡的价值，以及减少疾病、增进健康等的价值，并将货币量化结果纳入项目经济费用效益流量表中。如果因缺乏可靠依据难以货币量化，可采用非货币的方法进行量化，也可只进行定性分析。

① 教育项目的目标是提高人才素质，其效果可以表现为人力资本增值，例如通过教育提高了人才素质，引发的工资提高。在劳动力市场发育成熟的情况下，其人力资本的增值应根据"有项目"和"无项目"两种情况下的所得税前工资的差额进行估算。例如，世界银行的一项研究成果表明，每完成一年教育可以给受教育者增加约5%的月收入。

② 医疗卫生项目的目标是维系生命，其效果常常表现为减少死亡和病痛的价值。可根据社会成员为避免死亡和减少病痛而愿意支付的费用进行计算。当缺乏对维系生命的支付意愿的资料时，可采用人力资本法，通过分析人员的死亡导致为社会创造收入的减少来评价死亡引起的损失，以测算生命的价值；或者通过分析伤亡风险高低不同的工种的工资差别来间接测算人们对生命价值的支付意愿。

③ 卫生保健项目的目标是预防疾病，其效果表现为对人们增进健康的影响效果时，一般应通过分析疾病发病率与项目影响之间的关系，测算由于健康状况改善而增加的工作收入，发病率降低而减少的看病、住院等医疗成本及其他各种相关支出，并综合考虑人们对避免疾病而获得健康生活所愿意付出的代价，测算其经济价值。

（2）时间节约价值的估算。

交通运输等项目，其效果可以表现为时间的节约，需要计算时间节约的经济价值。应按照有无对比的原则分析"有项目"和"无项目"的情况下的时间耗费情况，区分不同人群、货物，根据项目具体特点分别测算旅客出行时间节约和货物运送时间节约的经济价值。

① 出行时间节约的价值。

出行时间节约的价值可以按节约时间的受益者为了获得这种节约所愿意支付的货币数量来度量。在项目经济费用效益分析中，应根据所节约时间的具体性质分别测算。

a.如果所节约的时间用于工作，时间节约的价值应为因时间节约而进行生产从而引起产出增加的价值。在完善的劳动力市场下，企业支付给劳动者的工资水平，可以看作劳动者的边际贡献，因此可以将企业负担的所得税前工资、各项保险费及有关的其他劳动成本用于估算时间节约的价值。

b.如果所节约的时间用于闲暇，应从受益者个人的角度，综合考虑个人家庭情况、收入水平、闲暇偏好等因素，采用意愿调查评估方法进行估算。

② 货物时间节约的价值。

货物时间节约的价值应为这种节约的受益者为了得到这种节约所愿意支付的货币数量。在项目经济费用效益分析中，应根据不同货物对运输时间的敏感程度以及受益者的支付意愿测算时间节约价值。

（3）环境价值的估算。

环境工程项目的效果表现为对环境质量改善的贡献，可采用相应的环境价值评估方法，估算其经济价值。

6.2.4　项目费用效益分析

在经济费用效益分析中，当费用和效益流量识别和估算完毕之后，应编制经济费用效益分析报表，并根据报表计算评价指标，进行经济效率分析，判断项目的经济合理性。

1）经济费用效益分析报表

经济费用效益分析主要报表是"项目投资经济费用效益流量表"，见表6-10。辅助报表一般包括建设投资调整估算表、流动资金调整估算表、营业收入调整估算表和经营费用调整估算表。如有要求，也可以编制国内投资经济费用效益流量表。此处只介绍项目投资经济费用效益流量表。

项目投资经济费用效益流量表（单位：万元）　　　　表6-10

序号	项　　目	计　算　期					
		1	2	3	4	…	n
1	效益流量						
1.1	项目直接效益						
1.2	回收资产余值						
1.3	回收流动资金						
1.4	项目间接效益						
2	费用流量						

续上表

序号	项　　目	计　算　期					
		1	2	3	4	⋯	n
2.1	建设投资						
2.2	流动资金						
2.3	经营费用						
2.4	项目间接费用						
3	净效益流量（1-2）						

计算指标：

项目投资经济净现值（$i_s = 8\%$）

项目投资经济内部收益率

项目投资经济费用效益流量表用以综合反映项目计算期内各年的按项目投资口径计算的各项经济效益与费用流量及净效益流量，用来计算项目投资经济净现值和经济内部收益率指标。该表的编制与项目的融资方案无关。

2）用调整计算法编制项目投资经济费用效益流量表

经济费用效益流量表可以按照在财务现金流量的基础上进行调整编制。

在财务分析基础上编制经济费用效益流量表，主要包括效益和费用范围调整和数值调整两个方面的内容：

（1）效益和费用范围调整。

① 识别财务现金流量中属于转移支付的内容，并逐项从财务效益和费用流量中剔除。

作为财务现金流入的国家对项目的各种补贴，应看作转移支付，不计为经济效益流量；作为财务现金流出的，项目向国家支付的大部分税金也应看作转移支付，不计为经济费用流量。

前已述及，国内借款利息（包括建设投资借款建设期利息和生产期利息、流动资金借款利息）被看作转移支付，不计为经济费用流量。但实际上，因财务分析项目投资现金流量表中本不包括借款利息，该项调整并不存在。

② 对流动资金估算中涉及的不属于社会资源消耗的应收、应付、预收、预付款项和现金部分予以剔除。

③ 遵循实际价值原则，不考虑通货膨胀因素，剔除建设投资中包含的涨价预备费。

④ 识别项目的外部效果，分别纳入间接效益和间接费用流量。

（2）效益和费用数值调整。

① 鉴别投入和产出的财务价格能否正确反映其经济价值。如果项目的全部或部分投入和产出没有正常的市场交易价格，或者财务价格不能正确反映其经济价值，那么应该采用适当的方法测算其影子价格，并重新计算相应的费用或效益流量。

② 投入和产出中涉及外汇的，需要用影子汇率代替财务分析中采用的国家外汇牌价。

③ 对项目的外部效果尽可能货币量化计算。例如，一个大型林业项目的财务效益主要是林木出售获得的收入，但由于种树引起的气候改善，使该流域农田增产，农民可由此受益。在经济分析中农田增产的效益应作为该林业项目的间接效益，合理估计后纳入经济费用效益流量表。又如，一个对环境产生负面影响的项目，尽管项目并未因此付费，但社会经济为此付出了代价，应尽可能将该影响货币量化后作为间接费用，纳入经济费用效益流量表。

6.3 非营利性项目财务分析

6.3.1 非营利性项目的概念

本节所述非营利性项目是指旨在实现社会目标和环境目标，为社会公众提供服务的非营利性投资项目，包括社会公益事业项目（如教育项目、医疗卫生保健项目）、环境保护与环境污染治理项目、某些公用基础设施项目（如市政项目）等。这些项目经济上的显著特点是为社会提供的服务和使用功能不收取费用或只收取少量费用。

随着投融资体制的改革，上述类型项目中，有的已转化为营利性项目，即有收费机制和营业收入，采用市场化运作，其财务收益能够回收投资和补偿运营维护成本，并有一定盈利能力的项目。这类项目的财务评价可参照本章前几节描述的方法进行。

本节所述方法适用于没有收入或者只有部分收入的项目。

6.3.2 非营利性项目财务分析的目的

由于建设这类项目的目的是服务于社会，进行财务分析的目的不一定是为了作为投资决策的依据，而是为了考察项目的财务状况，了解是盈利还是亏损，以便采取措施使其能维持运营，发挥功能。另外，对很多非营利性项目的财务分析，实质上是在进行方案比选，以使所选择方案能在满足项目目标的前提下，花费费用最少。

6.3.3 非营利性项目财务分析的要求

1）非营利性项目财务分析的要求视项目具体情况有所不同

对没有营业收入的项目，不需进行盈利能力分析。其财务分析重在考察财务可持续性。这类项目通常需要政府长期补贴才能维持运营。应同一般项目一样估算费用，包括投资和运营维护成本，在此基础上，推算项目运营期各年所需政府补贴数额，并分析可能实现方式。

对有营业收入的项目，财务分析应根据收入抵补支出的不同程度，区别对待。通常营业收入补偿费用的顺序是：支付运营维护成本、缴纳流转税、偿还借款利息、计提折旧和偿还借款本金。

（1）有营业收入但不足以补偿运营维护成本的项目，应估算收入和成本费用，通过两者差额来估算运营期各年所需要政府给予补贴的数额，进行财务生存能力分析，并分析政府长期提供财政补贴的可行性。对有债务资金的项目，还应结合借款偿还要求进行财务生存能力分析。

（2）有些项目在短期内收入不足以补偿全部运营维护成本，但随着时间的推移，通过价格（收费）水平的逐步提高，不仅可以补偿运营维护成本、缴纳流转税、偿还借款利息、计提折旧以及偿还借款本金，还可产生盈余。因此，对这类只需要政府在短期内给予补贴，以维持运营的项目，只需要进行偿债能力分析（如有借款时）和财务生存能力分析，推算运营前期各年所需的财政补贴数额，评价政府在有限时间内提供财政补贴的可行性。

（3）营业收入在补偿项目运营维护成本、缴纳流转税、偿还借款利息、计提折旧、偿还借款本金后还有盈余，表明项目在财务上有盈利能力和生存能力，其财务分析内容可与一般项目基本相同。

由于非营利性项目类别繁多，情况各异，实践中可根据项目类别和具体情况进行选择，注意符合行业特点和要求。

2）对收费项目应合理地确定提供服务的收费价格

服务收费价格是指向服务对象提供单位服务收取的服务费用，需分析其合理性。分析方法一般是将预测的服务收费价格与消费者承受能力和支付意愿以及政府发布的指导价格进行对比，也可与类似项目对比。

有时需要在维持项目正常运营的前提下，采取倒推服务收费价格的方式，同时分析消费者支付能力。

3）效益难以货币化的非营利性项目

对效益难以货币化的非营利性项目，可采用效果费用比或费用效果比来进行方案比选。具体方法略述，与经济分析的主要不同在于分析目标较为单一、采用的是财务数据。

（1）比选要求。

① 费用应包含从项目投资开始到项目终结的整个期间内所发生的全部费用，可按费用现值或费用年值计算。

② 效果的计量单位应能切实度量项目目标实现的程度，且便于计算。

③ 在效果相同的条件下，应选取费用最小的备选方案。

④ 在费用相同的条件下，应选取效果最大的备选方案。

⑤ 备选方案效果和费用均不相同时，应比较两个备选方案之间的费用差额和效果差额，计算增量的效果费用比或费用效果比，分析获得增量效果所付出的增量费用是否值得。

（2）实践工作中常用的比选指标。

在现实的实践工作中，往往采用单位功能（效果）费用指标，或者单位费用效果指标，包括投资指标和成本指标，习惯上常采用前者。例如：

① 单位功能建设投资，是指提供一个单位的使用功能或者提供单位服务所需要的建设投资，如医院对每张病床的投资、学校每个就学学生的投资等。

$$单位功能建设投资=\frac{建设投资}{设计服务能力或设施规模} \tag{6-22}$$

② 单位功能运营费用，是指提供一个单位的使用功能或提供单位服务所需要的运营费用。

$$单位功能运营费用=\frac{年运营费用}{设计服务能力或设施} \tag{6-23}$$

以上指标直观、简单、易算，但是也有明显缺陷，一是只分别计算了投资和成本，没有全面进行比较；二是没有考虑整个计算期的费用，未按资金时间价值原理计算。

6.4　公路工程项目经济评价

6.4.1　公路工程项目财务分析

1）公路工程项目财务效益的测算

公路工程项目的财务收入主要是对公路投入运营后通过车辆进行收费，因而收入的多少取决于两个因素：交通量与收费标准。用公式表示为：

$$收费总收入=\sum 各车型\ t\ 年的交通量\times各车型收费标准 \tag{6-24}$$

（1）交通量。

公路项目交通量通常由正常交通量、转移交通量以及诱增交通量三部分组成，并根据项目所在区域经济发展水平确定远景交通量。具体测算办法参见交通量预测部分。

（2）公路收费标准。

目前，交通运输部及国家有关部委对公路收费标准没有统一的规定，这里仅介绍几种已经采用的收费标准的确定形式，以及应该考虑的有关因素。

① 影响公路收费标准的主要因素。

确定公路收费标准应该考虑的主要因素有：有无此项目条件下的各种车辆的速度和汽车运输成本，公路使用者获得的效益，其他运输方式的收费标准和国外公路的收费标准，经济发展对公路的需求，公路收费对个人收入的负担能力；公路建设费用的投资利率、社会折现率以及对交通量的制约等。

② 公路收费标准的确定。

a.根据公路使用者受益价值的大小确定收费标准。主要依据有此项目与无此项目之间形成的车辆行驶费用节约额，考虑不同车型或汽车的载重吨位确定收费标准。

b.根据公路建设项目的总投资费用、项目评价期内交通量增长率、项目的投资利率等因素，建立如下计算公式：

$$P = A\frac{(1+t)^{n-1}}{(1+r)(t+r)} \tag{6-25}$$

式中：P——总投资现值；

A——$A = NLK$，其中，N 为交通量，L 为里程，K 为收费标准；

r ——投资利率；

t ——交通量增长率；

n ——评价计算期。

在可行性研究报告中，P、N、L、t、r、n 均为已知，从而通过此式即可计算公路收费标准 K，结果为各车型平均收费标准。

c.日本道路公团高速公路的收费方法是按收费的负担度测算的。收费的负担度即人们在一定的收入水平下对公路收费的承受能力。计算方法如下：

$$收费负担度 = \frac{收费水平}{人均收入} \tag{6-26}$$

式中：收费水平——小客车的收费标准额；

人均收入——区域内人均国民生产总值或人均国内生产总值；

收费负担度——日本为 0.0087×10^{-3}（1980年）。

采用第三种公式计算的收费标准为小客车的收费标准，其他车型的收费标准均以此为基础，利用一定的换算系数求得。

这些收费标准的确定方法各有优点，但都不是尽善尽美，在应用中应结合具体情况，并搜集相关项目的收费标准的资料，综合对比，测算出科学合理的收费标准。

2）公路工程项目财务费用的测算

建筑工程、设备购置和安装费用是工程项目固定资产投资中的主要部分。估算这些费用的依据是工程技术规范、工程设计及工程概预算标准等资料。这些资料中的数据一般比较准确，对于正确估算投资费用比较有利。

投产前资本费用主要包括项目可行性研究、设计和施工准备费用，以及建设期的贷款利息。

流动资金是指经营项目所需要的投资，也就是项目投入使用后必须长期占用的流动资产的货币数量。

公路建设项目的投资估算是根据交通运输部颁布的《公路工程估算指标》的要求进行的。财务分析的总投资估算与工程总投资估算的区别在于前者不包括项目建设期间的物价上涨费用。

项目财务评价的总费用包括项目投资建设费用、项目养护大修费用以及收费系统管理费用。

6.4.2　公路工程项目经济分析

1）公路工程项目经济效益的识别与计算

公路建设项目的经济效益是指项目对国民经济所作的贡献，分为直接效益和间接效益。一般只计算直接效益，并通过"有无对比法"来确定。直接效益（B）包括公路使用者费用节约和原有相关公路维护费用节约，其中公路使用者费用节约主要有拟建项目和原有相关公路的降低营运成本效益（B_1）、旅客在途时间节约效益（B_2）和拟建项目减少交通事故效益（B_3）。

计算公路项目经济效益可以采用相关路线法、路网费用法和OD矩阵法。计算中对车型不做要求，但要注意保持各参数之间的一致性。

（1）相关路线法。

相关路线法是在确定与拟建项目相关的原有公路路线基础上，通过公路使用者在"无项目"情况下使用原有相关公路和在"有项目"情况下使用拟建项目费用的比较，计算项目产生的经济效益。

下述公式是按照不分车型计算设计的。当分车型进行计算时，将各车型的计算结果汇总即可。

具体计算公式如下：

① 降低营运成本的效益（B_1）的计算公式为：

$$B_1 = B_{11} + B_{12} \tag{6-27}$$

式中：B_{11}——拟建项目降低营运成本的效益（元）；

B_{12}——原有相关公路降低营运成本的效益（元）。

a.B_{11}的计算公式为：

$$B_{11} = 0.5 \times (T_{1p} + T_{2p})(\text{VOC}'_{1b} \times L' - \text{VOC}_{2p} \times L) \times 365 \tag{6-28}$$

式中：T_{1p}——"有项目"情况下，拟建项目的趋势交通量（自然数，辆/日）；

T_{2p}——"有项目"情况下，拟建项目的总交通量（自然数，辆/日）；

VOC'_{1b}——"无项目"情况下，原有相关公路在趋势交通量条件下各种车型车辆加权平均单位营运成本（元/车公里）；

VOC_{2p}——"有项目"情况下，拟建项目在总交通量条件下各种车型车辆加权平均单位营运成本（元/车公里）；

L'——原有相关公路的路段里程（km）；

L——拟建项目的路段里程（km）。

b.B_{12}的计算公式为：

$$B_{12} = 0.5 \times L' \times (T'_{1p} + T'_{2p})(\text{VOC}'_{1b} - \text{VOC}'_{2p}) \times 365 \qquad (6\text{-}29)$$

式中: T'_{1p}——"有项目"情况下,原有相关公路的趋势交通量(自然数,辆/日);

T'_{2p}——"有项目"情况下,原有相关公路的总交通量(自然数,辆/日);

VOC'_{2p}——"有项目"情况下,原有相关公路在总交通量条件下各种车型车辆加权平均单位营运成本(元/车公里)。

② 旅客时间节约效益(B_2)的计算公式为:

$$B_2 = B_{21} + B_{22} \qquad (6\text{-}30)$$

式中: B_{21}——拟建项目旅客节约时间效益(元);

B_{22}——原有相关公路旅客节约时间效益(元)。

a. B_{21} 的计算公式为:

$$B_{21} = 0.5 \times W \times E \times (T_{1pp} + T_{2pp})(L'/S'_{1b} - L/S_{2p}) \times 365 \qquad (6\text{-}31)$$

式中: W——旅客单位时间价值〔元/(人·h)〕;

E——客车平均载运系数(人/辆);

S'_{1b}——"无项目"情况下,原有相关公路在趋势交通量条件下的各种车型客车加权平均行驶速度(km/h);

S_{2p}——"有项目"情况下,拟建项目在总交通量条件下的各种车型客车加权平均行驶速度(km/h);

T_{1pp}——"有项目"情况下,拟建项目客车趋势交通量(自然数,辆/日);

T_{2pp}——"有项目"情况下,拟建项目客车总交通量(自然数,辆/日)。

b. B_{22} 的计算公式为:

$$B_{22} = 0.5 \times W \times E \times L' \times (T'_{1pp} + T'_{2pp})(1/S'_{1b} - 1/S'_{2p}) \times 365 \qquad (6\text{-}32)$$

式中: S'_{1b}——"无项目"情况下,原有相关公路在趋势交通量条件下各种车型客车加权平均行驶速度(km/h);

S'_{2p}——"有项目"情况下,原有相关公路在总交通量条件下的各种车型客车的平均行驶速度(km/h);

T'_{1pp}——"有项目"情况下,原有相关公路客车趋势交通量(自然数,辆/日);

T'_{2pp}——"有项目"情况下,拟建项目客车总交通量(自然数,辆/日)。

c. 旅客单位时间价值的测算应同时考虑工作时间价值和闲暇时间价值。客车平均载运系数应以各种车型客车交通量为权数,计算其加权平均数。

③ 减少交通事故效益(B_3)的计算公式为:

$$B_3 = B_{31} + B_{32} \qquad (6\text{-}33)$$

式中：B_{31}——拟建项目减少交通事故效益（元）；

B_{32}——原有相关公路减少交通事故效益（元）。

a. B_{31}的计算公式为：

$$B_{31} = 0.5 \times (T_{1p} + T_{2p})(r'_{1b} \times L' \times C'_b - r_{2p} \times L \times C_p) \times 365 \times 10^8 \qquad (6\text{-}34)$$

式中：C'_b——"无项目"情况下，原有相关公路单位事故平均经济损失费（元/次）；

C_p——"有项目"情况下，拟建项目单位事故平均经济损失费（元/次）；

r'_{1b}——"无项目"情况下，原有相关公路在趋势交通量条件下的事故率（次/亿车公里）；

r_{2p}——"有项目"情况下，拟建项目在总交通量条件下的事故率（次/亿车公里）。

b. B_{32}的计算公式为：

$$B_{32} = 0.5 \times L' \times (T'_{1p} + T'_{2p})(r'_{1b} \times C'_b - r'_{2p} \times C'_p) \times 365 \times 10^8 \qquad (6\text{-}35)$$

式中：C'_p——"有项目"情况下，原有相关公路单位事故平均经济损失费（元/次）；

r'_{2p}——"有项目"情况下，原有相关公路在总交通量条件下的事故率（次/亿车公里）。

（2）路段费用法。

路段费用法是通过公路使用者在"无项目"情况下和"有项目"情况下使用影响区域路网费用的比较，计算项目产生的经济效益，其具体计算是针对路网逐个路段计算并汇总。

下述公式是按照分车型计算设计的。当不分车型进行计算时，式中的车辆运行成本、客车载运系数、客车行驶速度等应根据交通量车型结构计算其加权平均值。

具体计算公式如下：

① 降低营运成本的效益（B_1）的计算公式为：

$$B_1 = B_{1b} + B_{1p} \qquad (6\text{-}36)$$

式中：B_{1b}——趋势交通量在影响区路网上的运营费用节约（元）；

B_{1p}——诱增交通量在影响区路网上的运营费用节约（元）。

a. B_{1b}的计算公式为：

$$B_{1b} = \sum_{i=1}^{n} \sum_{j=1}^{m} (T'_{bij} \times \text{VOC}'_{bij} - T_{bij} \times \text{VOC}_{pij}) \times L_i \times 365 \qquad (6\text{-}37)$$

式中：T'_{bij}——"无项目"情况，趋势交通量条件下，i路段j车型的交通量（自然数，辆/日），对于拟建项目路段该项数值为"0"；

VOC'_{bij}——"无项目"情况，趋势交通量条件下，i 路段 j 车型的单位运营成本（元/车公里），对于拟建项目路段该项数值为"0"；

T_{bij}——"有项目"情况下，i 路段 j 车型的趋势交通量（自然数，辆/日）；

VOC_{pij}——"有项目"情况，总交通量条件下，i 路段 j 车型的单位运营成本（元/车公里）；

L_i——i 路段长度（km）；

i——路段序号；

j——车型序号；

m——车型总数；

n——路网的路段总数。

b. B_{1p} 的计算公式为：

$$B_{1p} = \sum_{i=1}^{n} \sum_{j=1}^{m} 0.5 \times \left[(T'_{pij} - T'_{bij}) \times \mathrm{VOC}'_{bij} - (T_{pij} - T_{bij}) \times \mathrm{VOC}_{pij} \right] \times L_i \times 365$$

(6-38)

式中：T'_{pij}——"无项目"情况，总交通量条件下，i 路段 j 车型的交通量（自然数，辆/日）；

T_{pij}——"有项目"情况下，i 路段 j 车型的总交通量（自然数，辆/日）。

② 旅客时间节约效益（B_2）的计算公式为：

$$B_2 = B_{2b} + B_{2p}$$

(6-39)

式中：B_{2b}——趋势交通量旅客时间节约效益（元）；

B_{2p}——诱增交通量旅客时间节约效益（元）。

a. B_{2b} 的计算公式为：

$$B_{2b} = \sum_{i=1}^{n} \sum_{j=1}^{m_1} W \times E_j \times (T'_{bij} \div S'_{bij} - T_{bij} \div S_{pij}) \times L_i \times 365$$

(6-40)

式中：W——旅客单位时间价值 [元/（人·h）]；

E_j——j 型客车平均载运系数（人/辆）；

T'_{bij}——"无项目"情况，趋势交通量条件下，i 路段 j 车型的交通量（自然数，辆/日），对于拟建项目路段该项数值为"0"；

S'_{bij}——"无项目"情况，趋势交通量条件下，i 路段 j 型客车的平均车速（km/h）；

T_{bij}——"有项目"情况下，i 路段 j 型客车的趋势交通量（自然数，辆/日）；

S_{pij}——"有项目"情况，总交通量条件下，i 路段 j 型客车的平均车速（km/h）；

m_1——客车车型总数。

b. B_{2p} 的计算公式为:

$$B_{2p} = \sum_{i=1}^{n} \sum_{j=1}^{m_1} 0.5 \times W \times E_j \times \left[(T'_{pij} - T'_{bij}) \div S'_{bij} - (T_{pij} - T_{bij}) \div S_{pij} \right] \times L_i \times 365$$

$$(6-41)$$

式中: T'_{pij}——"无项目"情况,总交通量条件下,i 路段 j 车型的交通量(自然数,辆/日);

T_{pij}——"有项目"情况下,i 路段 j 型客车的总交通量(自然数,辆/日)。

③ 减少交通事故效益(B_3)的计算公式为:

$$B_3 = B_{3b} + B_{3p} \qquad (6-42)$$

式中: B_{3b}——趋势交通量减少交通事故效益(元);

B_{3p}——诱增交通量减少交通事故效益(元)。

a. B_{3b} 的计算公式为:

$$B_{3b} = \sum_{i=1}^{n} (T'_{bi} \times r'_{bi} \times C'_{bi} - T_{bi} \times r_{pi} \times C_{pi}) \times L_i \times 10^8 \times 365 \qquad (6-43)$$

式中: T'_{bi}——"无项目"情况,趋势交通量条件下,i 路段的交通量(自然数,辆/日),对于拟建项目路段该项数值为"0";

T_{bi}——"有项目"情况下,i 路段的趋势交通量(自然数,辆/日);

r'_{bi}——"无项目"情况,趋势交通量条件下,i 路段的交通事故率(次/亿车公里);

r_{pi}——"有项目"情况,总交通量条件下,i 路段的交通事故率(次/亿车公里);

C'_{bi}——"无项目"情况,趋势交通量条件下,i 路段单位交通事故平均经济损失费(元/次);

C_{pi}——"有项目"情况,总交通量条件下,i 路段单位交通事故平均经济损失费(元/次)。

b. B_{3p} 的计算公式为:

$$B_{3p} = \sum_{i=1}^{n} 0.5 \times \left[(T'_{pi} - T_{bi}) \times r'_{bi} \times C'_{bi} - (T_{pi} - T_{bi}) \times r_{pi} \times C_{pi} \right] \times L_i \times 10^8 \times 365$$

$$(6-44)$$

式中: T'_{pi}——"无项目"情况,总交通量条件下,i 路段的交通量(自然数,辆/日),对于拟建项目路段该项数值为"0";

T_{pi}——"有项目"情况下,i 路段的总交通量(自然数,辆/日)。

（3）OD矩阵法。

OD矩阵法是以"无项目"情况下和"有项目"情况下路网的汽车运营费用、运行时间矩阵和交通量矩阵为基础，计算项目产生的经济效益。其中汽车运营费用和运行时间采用全部交通量分配到路网上之后的数据。OD矩阵法可以计算汽车运营成本节约效益和旅容节约时间效益，但是减少交通事故效益还需要用相关路线法或路段费用法来计算。

下述公式是按照不分车型计算设计的。当分车型进行计算时，将各车型的计算结果汇总即可。

具体计算公式如下。

① 降低营运成本的效益（B_1）的计算公式为：

$$B_1 = B_{1b} + B_{1p} \tag{6-45}$$

式中：B_{1b}——趋势交通量在影响区路网上的运营费用节约（元）；

B_{1p}——诱增交通量在影响区路网上的运营费用节约（元）。

a. B_{1b}的计算公式为：

$$B_{1b} = \sum_{j=1}^{n} \sum_{i=1}^{n} (C'_{bij} - C_{pij}) \times T'_{ij} \times 365 \tag{6-46}$$

式中：C'_{bij}——"无项目"情况，趋势交通量条件下，路网加载交通量后，i交通小区到j交通小区各种车型的加权平均费用（元）；

C_{pij}——"有项目"情况，总交通量条件下，路网加载交通量后，i交通小区到j交通小区各种车型的加权平均费用（元）；

T'_{ij}——i交通小区到j交通小区的趋势交通量（自然数，辆/日）；

i、j——交通小区序号；

n——交通小区数量。

b. B_{1p}的计算公式为：

$$B_{1p} = \sum_{j=1}^{n} \sum_{i=1}^{n} 0.5 \times (C'_{bij} - C_{pij}) \times (T_{ij} - T'_{ij}) \times 365 \tag{6-47}$$

式中：T'_{ij}——i交通小区到j交通小区的趋势交通量（自然数，辆/日）；

T_{ij}——i交通小区到j交通小区的总交通量（自然数，辆/日）。

② 旅客时间节约效益（B_2）的计算公式为：

$$B_2 = B_{2b} + B_{2p} \tag{6-48}$$

式中：B_{2b}——趋势交通量旅客时间节约效益（元）；

B_{2p}——诱增交通量旅客时间节约效益（元）。

a. B_{2b} 的计算公式为:

$$B_{2b} = \sum_{j=1}^{n} \sum_{i=1}^{n} W \times E \times (VOT'_{bij} - VOT_{pij}) \times T'_{kij} \times 365 \qquad (6\text{-}49)$$

式中: W——旅客单位时间价值 [元/（人·h）];

E——客车各车型加权平均载运系数（人/辆）;

VOT'_{bij}——"无项目"情况,趋势交通量条件下,路网加载交通量后, i 交通小区到 j 交通小区客车各种车型的加权平均运行时间（h）;

VOT_{pij}——"有项目"情况,总交通量条件下,路网加载交通量后, i 交通小区到 j 交通小区客车各种车型的加权平均运行时间（h）;

T'_{kij}—— i 交通小区到 j 交通小区的客车趋势交通量（自然数,辆/日）。

b. B_{2p} 的计算公式为:

$$B_{2p} = \sum_{j=1}^{n} \sum_{i=1}^{n} 0.5 \times W \times E \times (VOT'_{bij} - VOT_{pij}) \times (T_{kij} - T'_{kij}) \times 365 \qquad (6\text{-}50)$$

式中: T_{kij}—— i 交通小区到 j 交通小区的客车总交通量（自然数,辆/日）。

对于跨越江（河、海）的独立工程项目（如大桥、隧道等）,其产生的效益可分为两部分:一部分是"无项目"情况下,为满足日益增长的过江（河、海）交通需求,需对现有过江（河、海）设施进行改造和维护所需的投资和费用,而在"有项目"情况下,这些投资和费用则可以节约,即作为拟建项目所产生的效益,具体包括渡轮和装卸作业区建造费用的节约、渡轮和装卸作业区营运维护费用的节约以及养河费的节约。另一部分是原来绕行的过江（河、海）交通在"有项目"情况下,节约车辆营运成本和旅客在途时间所产生的效益。具体分析如下:

① 渡轮和装卸作业区购置、建造费用的节约。这类费用包括渡轮购置费、泊位费（两岸,包括码头工程、附属构造物的投资）、两端的引道进行改造或新建的投资。

② 渡轮及装卸作业区营运、维护费用的节约。这类费用包括渡轮营运费用、码头维护费用。

③ 养河费的节约。

以上3类费用应根据未来交通量发展水平预测和有关估算标准,按基年价格进行估算。

④ 过江（河、海）车辆营运成本节约的效益（B_4）。拟建项目建成后,将吸引部分原来走邻近桥梁（隧道）、渡口的交通,从而缩短了运输距离,节约营运

成本；与此同时，由于交通条件的改善，将产生诱增交通量。为简化计算，过江（河、海）独立工程项目只计算其本身产生的车辆营运费用节约，不考虑原有相关公路（桥、隧道）因减少拥挤而产生的车辆营运费用节约。B_4 的具体计算公式同 B_{11} [见式（6-29）]。在计算过江（河、海）交通的营运成本和时间节约效益时，必须注意：第一，确定 L 和 L' 的值时，应分别根据"有项目"情况和"无项目"情况下主要相同起讫点间最有可能选择或习惯线路的距离，计算其平均值；第二，VOC'_{1b} 与 VOC_{2p}、S'_{1b} 与 S_{2p} 的差别主要是由于交通量水平的不同引起的，而非道路条件的不同所致。确定其值时，应分别先根据"有项目"情况下和"无项目"情况下主要相同起讫点间同等道路条件下、不同交通量水平进行计算，然后以各条线路的行驶量（车公里）为权数，确定其加权平均值。

2）公路工程项目经济评价中费用的识别与计算

公路工程项目的费用是指国民经济为项目所付出的代价，分为直接费用和间接费用。为了与效益计算的口径一致，这里仅讨论直接费用的计算问题。

直接费用是指用影子价格计算的项目投入物（固定资产投资和经常性投入）的经济价值。一般表现为：其他部门为供应本项目投入物扩大生产规模所消耗的资源费用、挤占其他项目（原用户或最终消费者）投入物的供应量而放弃的效益、增加进口（或减少出口）所耗用（或减收）的外汇等。直接费用是项目和国家都要付出的代价。公路项目费用计算的具体范围表现在如下5个方面：① 公路建设费；② 公路大修费；③ 公路养护费；④ 交通管理费；⑤ 残值（负值）。

公路工程项目经济投资费用的计算是在工程投资估算的基础上进行调整，具体包括：

（1）对项目建筑安装工程费用中的人工费，原木、钢材、沥青、水泥等主要材料作影子价格调整。

（2）对其他费用中的土地占用费作影子价格调整，换算成为经济价值，并扣除其中的供电、供水补贴。

（3）车辆营运成本按影子价格调整，包括司乘人员人工、燃料、轮胎、保修人工及零配件、折旧等。

（4）剔除预留费用中的价差、税差及物价上涨费等转移支付。

（5）剔除建筑安装工程费中的税金。

项目投资估算总额中扣除上述5项调整费用后，即为项目国民经济评价中的直接费用。

本章要点

本章主要讲述了工程项目财务评价中的盈利能力分析和偿债能力分析，并给出了财务评价的动态指标和静态指标。此外，还介绍了公路工程项目国民经济评价中效益和费用的识别与计算以及非营利性项目财务评价。

财务评价的基本报表有现金流量表、损益表、资金来源与运用表以及资产负债表及外汇平衡表。偿债能力分析是指通过编制相关报表，计算利息备付率、偿债备付率等比率指标，考察项目借款的偿还能力。非营利性项目进行财务评价的目的不一定是为了作为投资决策的依据，而是为了考察项目的财务状况，了解是盈利还是亏损，以便采取措施使其能维持运营，发挥功能。项目的国民经济盈利能力分析旨在测度项目的国民经济盈利水平。

本章习题

1. 项目财务评价的基本报表有哪些？
2. 判断一个工程项目财务状况的指标都有什么？
3. 公路工程项目财务来源有哪些？
4. 简述非营利性项目财务评价的意义。
5. 如何区别工程项目国民经济评价和财务评价？
6. 什么是影子价格？与市场价格有何区别？

第7章　工程项目后评价

学习本章知识，应建立在对项目前评价知识充分理解的前提下，并重点在学习中把握后评价和前评价的区别，包括方法上的区别和内容上的不同。

7.1　工程项目后评价概述

项目后评价是投资项目周期的一个重要阶段，作为项目管理周期的最后一环，与项目周期的各个阶段都有密不可分的关系。目前，我国投资项目后评价制度性文件基本形成，按照国资委的要求，项目后评价工作已在央企中全面开展；以国家、各省市政府投资为主的项目后评价工作，也正在规范有序地进行。非国有企业投资行为可以参照政府和国有企业已经形成的规范性运作机制开展工作。

7.1.1　项目后评价的含义和基本特征

1）项目后评价含义

目前，对后评价还没有一个统一、规范的定义。根据项目后评价启动时点的不同，可以分为狭义的项目后评价和广义的项目后评价。

狭义的项目后评价是指项目投资完成之后所进行的评价。它通过对项目实施过程、结果及其影响进行调查研究和全面系统回顾，与项目决策时确定的目标以及技术、经济、环境、社会指标进行对比，找出差别和变化，分析原因，总结经验，吸取教训，得到启示，提出对策建议，通过信息反馈，改善和指导新一轮投资管理和决策，达到提高投资效益的目的。

广义的项目后评价还包括项目中间评价，或称中间跟踪评价、中期评价，是指从项目开工到竣工验收前所进行的阶段性评价，即在项目实施过程中的某一时点，对建设项目实际状况进行的评价。一般在规模较大、情况较复杂、施工期较长的项目，以及主客观条件发生较大变化的情况下采用。中间评价除了总结经验教训以指导下阶段工作外，还应以项目实施过程中出现重大变化因素为着眼点，对项目实施和项目预期目标的影响进行重点评价。

2）项目后评价的基本特性

根据项目后评价在项目周期中的地位和作用，呈现以下基本特性：

（1）全面性。

项目后评价，既要总结、分析和评价投资决策和实施过程，又要总结、分析经营过程；不仅要总结、分析和评价项目的经济效益、社会效益，还要总结、分析和评价经营管理状况；不仅分析和评价过去，还要展望未来，得出持续性分析。因此，项目后评价具有数据采集范围广泛、评价内容全面的特点。

（2）动态性。

项目后评价主要是对投产一至两年后的项目进行全面评价，涉及项目从决策到实施、运营各个阶段不同的工作方面，具有明显的动态性和跨越性。项目后评价也包括项目建设过程中的事中评价或中间跟踪评价、阶段性评价，有利于及时了解、改正项目建设过程中出现的问题，减少项目建设后期的偏差。项目后评价成果并不是一成不变的，不同阶段的后评价应根据采集到的项目进展最新数据，对前期后评价成果进行修正。

（3）方法的对比性。

对比是项目后评价的基本方法之一，是将实际结果与原定目标进行同口径对比，将实施完成的或某阶段性的结果与建设项目前期决策设定的各项预期指标进行详细对比，找出差异，分析原因，总结经验和教训。有无对比方法也常用于项目的后评价。

（4）依据的现实性。

项目后评价是对项目已经完成的现实结果进行分析研究，依据的数据资料是建设项目实际发生的真实数据和真实情况；对将来的预测也是以评价时点的现实情况为基础。因此，后评价依据的有关资料，数据的采集、提供、取舍都要坚持实事求是、客观评价，避免因偏颇使用而形成错误结论。

（5）结论的反馈性。

项目后评价的目的之一是为改进和完善项目管理提供建议，为投资决策或其他相关利益部门提供参考和借鉴。为此，就必须将后评价的成果和结论进行有效反馈，通过反馈机制使后评价总结出来的经验得到推广、教训得以吸取，防止错误重演，最终使后评价成果变为社会财富，产生社会效益，实现评价的目的。

7.1.2 项目后评价的目的和作用

1）项目后评价的目的

项目后评价的主要目的是服务于投资决策，是出资人对投资活动进行监管的重要手段之一。它也可以为改善企业的经营管理，完善在建投资项目，提高投资效益提供帮助。特别是公共资金投入，需要有效的监督，其核心的目的仍然是为出资人保证资金合理使用和提高投资效益服务。通过项目后评价，可以及时反馈信息，调整相关政策、计划、进度，改进或完善在建项目；可以增强项目实施的社会透明度和管理部门的责任心，提高投资管理水平；可以通过经验教训的反馈，修订和完善投资政策和发展规划，提高决策水平，改进未来的投资计划和项目的管理，提高投资效益。

2）项目后评价的作用

（1）对提高项目前期工作质量起促进作用。

开展项目后评价，回顾项目前期决策成功的经验及失误的原因，评价前期工作的质量及决策的正确合理性，能够促使和激励参与项目可行性研究、评估和决策的人员增强责任感，提高项目前期工作质量和水平；通过项目后评价反馈的信息，及时发现和暴露决策过程中存在的问题，吸取经验教训，提高项目决策水平。

（2）对政府制定和调整有关经济政策起参谋作用。

集合多个项目后评价总结的经验教训和对策建议，作为政府进行宏观经济管理的借鉴，有关部门可参考这些建议，合理确定和调整投资规模与投资流向，修正某些不适合经济发展要求的宏观经济政策、产业政策，以及过时的指标参数和技术标准等。

（3）对银行防范风险起提示作用。

银行系统的项目贷款后评价（信贷后评价），通过对贷款条件评审、贷款决策、贷款合同的签订、贷款发放与本息回收等运作程序的回顾，分析风险防范措施及效果，可以发现项目信贷资金使用与回收过程中存在的问题，明确主要责任环节；还可了解资本金和其他配套资金到位与项目总投资控制情况，及时掌握项目产品市场需求变化与企业经营管理状况，完善银行信贷管理制度和风险控制措施。

（4）对项目业主提高管理水平起借鉴作用。

项目后评价对项目业主在项目实施过程中的管理工作、管理效果进行分析，剖析项目业主履行职责的情况，总结管理经验教训。这些经验教训既是对被评价项目业主管理工作的检验总结，也可通过行业系统组织后评价经验交流，为其他项目业主提供借鉴，为提高工程项目建设管理水平发挥作用。

（5）对企业优化生产管理起推动作用。

项目后评价涉及评价时点以前的生产运营管理情况，从生产组织、企业管理、财务效益等方面分析产生偏差的原因，提出可持续发展的建议与措施，对企业优化生产运营管理，提高经济效益和社会效益起到推动作用。

（6）对出资人加强投资监管起支持作用。

项目后评价涉及分析评价资金使用情况、企业生产经营状态，分析成功或失败的原因和主要责任环节，可以为出资人监管投资活动和测评投资效果提供支撑，为建立和完善政府投资监管体系和责任追究制度服务。

7.1.3 项目后评价的类型

随着社会经济活动中投资方式多样化，后评价也产生了多种类型。

1）按评价时点划分

项目后评价根据发起的时点不同，可以分为在项目实施中进行的中间评价和在项目完工进入运行阶段后的后评价。

（1）中间评价。

中间评价是指投资人或项目管理部门对正在建设尚未完工的项目所进行的评价。中间评价的作用是通过对项目投资建设活动中的检查评价，可以及时发现项目建设中的问题，分析产生的原因，重新评价项目的目标是否可能达到，项目的效益指标是否可以实现，并有针对性地提出解决问题的对策和措施，以便决策者及时作出调整方案，使项目按照决策目标继续发展。对没有继续建设条件的项目可以及时中止，防止造成更大浪费。项目中间评价又根据启动时点不同，包括项目实施过程中从立项到项目完成前很多种类，即项目的开工评价、跟踪评价、调概评价、阶段评价、完工评价等。

项目中间评价是项目监督管理的重要组成部分，以项目业主日常的监测资料和项目绩效管理数据库的信息为基础，以调查研究的结果为依据进行分析评价，通常应由独立的咨询机构来完成。

（2）中间评价与后评价的区别与联系。

项目中间评价和后评价都是项目全过程管理的重要组成部分，既相对独立又紧密联系。一方面，由于两者实施的时间不同，评价深度和相应的一些指标也不同；它们服务的作用和功能也有所不同。另一方面，中间评价和后评价也有许多共同点，如项目的目标评价、效益评价等是一致的，可以把后评价看作中间评价的后延伸，中间评价也可以被看作后评价的一个依据和基础。因此，中间评价和后评价都是项目评价不可缺少的重要一节。

2）按评价范围划分

根据评价范围，可以分为全面后评价和专项后评价。

中间评价可以是全面后评价，也可以根据决策需要，选取单一专题进行专项评价。这种评价范围的调整也适用于狭义的后评价。根据不同的评价范围和评价重点，可以分为项目影响评价、规划评价、地区或行业评价、宏观投资政策研究等类型。

3）按项目类别划分

目前比较常见的后评价类型包括工程项目后评价、并购项目后评价、贷款项目后评价、规划后评价等。

如在某支线机场后评价工作中，根据政府委托项目的特点，后评价更为关注项目对社会经济发展和民生的影响，咨询机构在提出项目对策建议时不能仅仅从项目业主视角去考虑，而是针对政府所关心的层面提出自己的意见和建议。

又如某银行委托的贷款后评价。虽然从项目本身来看，仅是一个常规的固定资产投资项目，但委托方是为项目提供融资服务的金融机构，与项目业主及其母公司相比，金融机构在资金的"三性"中最为关注安全性，因此，应针对项目的还贷能力进行重点评价。咨询机构应跳出对项目本身财务能力的调研分析，将目光延伸到项目母公司等其他可能影响项目还贷能力的利益相关方。

7.1.4　项目后评价的依据

1）理论依据

项目后评价是用现代系统工程与反馈控制的管理理论，对项目决策、实施和运营结果作出科学的分析和判定。

投资项目是一个十分复杂的系统工程，是由多个可区别但又相关的要素组成的有机整体。项目系统的整体功能就是要实现确定的项目目标。项目系统通过与外部环境进行信息交换及资源和技术的输入，通过实施完成，最后向外界输出其产品。项目系统的各项状态参数随时间变化而产生动态变化。反馈控制是指将系统的输出信息返送到输出端，与输入信息进行比较，并修正两者的偏差进行控制的过程。反馈控制其实是用过去的情况来指导现在和将来。在控制系统的反馈控制中，需要克服环境变化的干扰，减少或消除系统偏差，提高系统工作效果。

投资决策者根据经济环境分析，通过决策评价确定项目目标，以目标制定实施方案，通过对方案的可行性分析和论证，把分析结果反馈给投资决策者，这种局部反馈能使投资决策者在项目决策阶段中及时纠正偏差，改进完善目标方案，作出正确的决策并付诸实施。在项目实施阶段，执行者将实施信息及时反馈决策管理者，并通过项目中间评价提出分析意见和建议，使决策者掌握项目实施全过程的动态，及时调整方案和执行计划，使项目顺利实施并投入运营。当项目运营一段时间后，通过项目后评价将建设项目的经营效益、社会效益与决策阶段的目标相比较，对建设和运营的全过程作出科学、客观的评价，反馈给投资决策者，从而对今后的项目目标作出正确的决策，以提高投资效益。

2）政策制度依据

根据国家投融资体制改革的不断完善和深入，经过几十年的实践探索，我国已初步形成政府部门制定后评价的制度性或规定性文件，相关行业主管部门制定后评价实施细则，企业制定后评价操作性文件的制度体系。开展项目后评价工作的制度依据已经确定。

3）信息数据依据

后评价的资料主要包括项目决策及实施过程中的重要节点文件、项目实施过程的记录文件、项目生产运营数据和相关财务报表、与项目有关的审计、竣工验收报告、稽查报告等。为保证资料的完整和衔接，项目单位应建立完善的档案管理制度。

通常工程项目后评价依据的主要文件清单如下：

（1）项目决策阶段的主要文件。

包括项目可行性研究报告及必要的政府各投资主管部门、环境管理部门和企业投资决策机构的审批文件。如土地预审报告、环境影响评价报告、安全预评价报告、节能评估报告、重大项目社会稳定风险评估报告、洪水影响评价报告、水资源论证报告、水土保持报告，以及相关批复文件。

由于不同行业、不同规模、不同类型的项目有着不尽相同的决策程序，这一阶段的资料也可能是董事会决议、项目资金申请报告和核准文件或备案文件。

一般情况下，在此阶段还应有项目评估报告。

（2）项目实施阶段的主要文件。

包括工程设计文件及概（预）算、招标文件及合同、开工报告及开工的各项批准文件、主要合同文本、年度投资计划、施工图设计会审及变更资料、监理资料、竣工验收报告及其相关的验收文件等。

部分工程由于实施过程中发生条件的重大变化或执行偏差，还会有概算调整报告、稽查报告等重要的过程资料。

（3）项目生产运营阶段的主要文件。

包括项目生产和经营数据、设备运行指标及维护记录、企业财务报表、项目运营管理的主要规章制度等，往往还包括项目投入运行以后的技术改造情况。有些项目还会涉及安全生产许可证、经营许可证等许可类证件。

7.1.5　项目后评价的方法

项目后评价包括了对项目已经发生事实的总结，以及项目未来发展的预测。在后评价情况下，只有具有统计意义的数据才是可比的，后评价时点前的统计数据是评价对比的基础，后评价时点的数据是评价对比的对象，后评价时点以后的数据是预测分析的依据。因此，项目后评价的总结和预测是以统计学原理和预测学原理为基础的。此外，项目后评价有以下几个常用方法。

1）逻辑框架法

（1）逻辑框架（LFA）的概念。

LFA 是一种概念化论述项目的方法，即用一张简单的框图来清晰地分析一个复杂项目的内涵和关系，使之更易理解。LFA 是将几个内容相关、必须同步考虑的动态因素组合起来，通过分析其间的关系，从设计策划到目的目标等方面来评价一项活动或工作。LFA 为项目计划者和评价者提供一种分析框架，用以确定工作的范围和任务，并通过对项目目标和达到目标所需的手段进行逻辑关系的分析。

LFA的核心概念是事物的因果逻辑关系，即"如果"提供了某种条件，"那么"就会产生某种结果，这些条件包括事物内在的因素和事物所需要的外部因素。

LFA的模式是一个4×4的矩阵，基本模式见表7-1。

逻辑框架法的模式

表7-1

层次描述	客观验证指标	验 证 方 法	重要外部条件
目标	目标指标	监测和监督手段及方法	实现目标的主要条件
目的	目的指标	监测和监督手段及方法	实现目的的主要条件
产出	产出物定量指标	监测和监督手段及方法	实现产出的主要条件
投入	投入物定量指标	监测和监督手段及方法	实现投入的主要条件

应用LFA进行计划和评价时的一项主要任务是对项目最初确定的目标必须作出清晰的定义。因此，在架构逻辑框架时应清楚地描述以下内容：

① 清晰并可度量的目标；

② 不同层次的目标和最终目标之间的联系；

③ 确定项目成功与否的测量指标；

④ 项目的主要内容；

⑤ 计划和设计时的主要假设条件；

⑥ 检查项目进度的办法；

⑦ 项目实施中要求的资源投入。

（2）逻辑框架的层次和逻辑关系。

如表7-1所示，LFA把目标及因果关系划分为4个层次，即：

① 目标。通常是指高层次的目标，即宏观计划、规划、政策和方针，该目标可由几个方面的因素来实现。宏观目标一般超越了项目的范畴，是指国家、地区、部门或投资组织的整体目标。这个层次目标的确定和指标的选择一般由国家或行业部门负责。

② 目的。目的是指"为什么"要实施这个项目，即项目直接的效果和作用。一般应考虑项目为受益目标群带来什么，主要是社会和经济方面的成果和作用。这个层次的目的由项目和独立的评价机构来确定，指标由项目确定。

③ 产出。这里的"产出"是指项目"干了些什么"，即项目的建设内容或投

191

入的产出物。一般要提供项目可计量的直接结果。

④ 投入和活动。该层次是指项目的实施过程及内容，主要包括资源的投入量和时间等。

以上4个层次由下而上形成了3个逻辑关系。第一级是如果保证一定的资源投入，并加以很好地管理，则预计有怎样的产出；第二级是项目的产出与社会或经济的变化之间的关系；第三级是项目的目的对整个地区或甚至整个国家更高层次目标的贡献关联性。

这在LFA中称为"垂直逻辑"，可用来阐述各层次的目标内容及其上下间的因果关系，如图7-1所示。

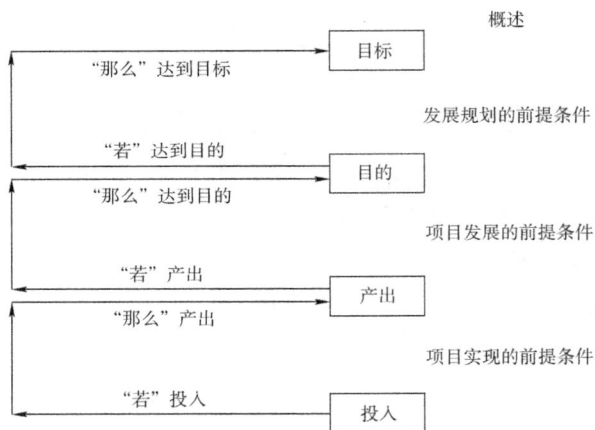

图7-1 垂直逻辑中的因果关系图

LFA的垂直逻辑分清了评价项目的层次关系。每个层次的目标水平方向的逻辑关系则由验证指标、验证方法和重要的假定条件所构成，从而形成了LFA的4×4的逻辑框架。水平逻辑的3项内容主要包括：

① 客观验证指标。各层次目标应尽可能地有客观的可度量的验证指标。包括数量、质量、时间及人员。在后评价时，一般每项指标应具有3个数据，即原来预测值、实际完成值、预测和实际间的变化和差距值。

② 验证方法。包括主要资料来源（监测和监督）和验证所采用的方法。

③ 重要的假定条件。重要的假定条件主要是指可能对项目的进展或成果产生影响，而项目管理者又无法控制的外部条件，即风险。这种失控的发生有多方面原因，首先是项目所在地的特定自然环境及其变化；其次，政府在

政策、计划、发展战略等方面的失误或变化给项目带来严重的影响；第三个不确定因素是管理部门体制所造成的问题，使项目的投入产出与项目的目标分离。

项目的假定条件很多，一般应选定其中几个最主要的因素作为假定的前提条件。通常项目的原始背景和投入/产出层次的假定条件较少；而产出/目的层次间所提出的不确定因素往往会对目的/目标层次产生重要影响；由于宏观目标的成败取决于一个或多个项目的成败，因此，最高层次的前提条件是十分重要的。

（3）逻辑框架法的应用。

逻辑框架法已广泛运用于各种活动的规划、计划和策划之中。在投资项目管理中，逻辑框架法通常用于规划设计、项目建议书、可行性研究及评估、项目管理信息系统、项目监测与评价、项目中间评价、项目后评价、影响评价，以及风险分析、可持续性分析、社会评价等。

①项目可研和评估的特点与逻辑框架。

项目可行性研究及其评估，是项目前期准备阶段的最主要的工作之一，是投资高层管理者进行项目决策的主要依据。项目的可研和评估应该向投资决策者重点说明以下3个问题：

第一，项目的目的和预期目标。即为什么要上这个项目？要解决什么问题？各层次的目标是什么？怎样实现？

第二，项目预期的效益和效果。即项目预期的最终结果是什么？经济、环境和社会的效益如何？项目会产生什么效果和作用？

第三，项目的风险。即项目有多大风险？主要风险是什么？如何处理？

由此可见，项目可研和评估需要解决的主要问题正是逻辑框架可以分析推断的内容。对于项目的目的和目标，垂直逻辑可以分层次加以分解说明，建立起目标树；对于效益和效果，水平逻辑可用量化指标加以明确，并选用合理的方法和信息；对于风险，正是逻辑框架可以通过"外部限制条件"进行分析得到较为可信的结论。

因此，在项目准备阶段，采用逻辑框架法可以明确项目的目的和目标，确定考核项目实施结果的主要指标，分析项目实施和运营中的主要风险，从而加强项目的实施和监督管理。国际上已普遍应用到项目的可研评估中去。例如，英国的海外开发署规定，其所有海外投资项目在可研评估时，评估人员必须填报项目的逻辑框架，该逻辑框架格式见表7-2。

项目可研评估逻辑框架 表7-2

项目目标层次	成果和评价指标	指标如何界定和评价	成功的重要外部条件
总目标（部门或国家）：什么是项目的总目标？从字义上讲可能解决什么问题？	衡量或判断这些目标实现与否的定量方法是什么？	有什么资料或进行成本-效益分析的依据？	若项目目标是规划总目标的一部分，项目必要的外部条件是什么？
中层次目标，即项目目标：对项目区和目标群的预期作用是什么？预测的损益的承受者，项目将带来什么改进或变化？	定性或定量的衡量指标是什么？通过什么来判别作用和利益的取得和分配？	有什么资料或进行成本-效益分析的依据？在投入-产出阶段需收集哪些资料？	从中层目标看，项目负责人无法控制的哪些因素对项目有制约作用？
产出：为实现中层次目标，项目应有什么产出（种类、数量和时间）？如培训学院、建成或改造的公路里程、灌溉系统和相应的管理系统等	资料来源		要按期达到计划产出的必要外部条件是什么？考虑了哪些风险？
投入：在各阶段需要提供的物资、设备或房屋有哪些？成本是多少？如其他投资者、业主	资料来源		有哪些影响项目而ODA又无法控制的外部决策或措施？考虑了哪些风险？

② 逻辑框架在项目后评价中的应用。

如前所述，项目后评价与项目评估一样都是为投资决策服务的依据。项目后评价主要需解决以下3个问题：

第一，项目的原定目标和目的是否可能达到，目标是否需要调整？

第二，项目的原定效益是否可能实现以及实现程度？

第三，项目下一步会有什么风险，有多大的风险？

因而，项目后评价也要回答以下3个问题：

第一，项目的原定目标和目的是否已经达到以及达到的程度、原定的项目目的和目标是否合理？

第二，项目原定的效益是否已经实现以及实现程度，项目有哪些经验教训？

第三，项目是否具有可持续性？

由此可见，逻辑框架不仅可以应用于项目评估，而且是项目后评价十分重要的方法之一。项目后评价的逻辑框架基本格式见表7-3。

（4）逻辑框架法的优点与局限性。

优点主要有：

① 能确保提出主要的问题，分析主要的缺陷，为决策者提供更为客观、科

194

学的信息。

项目后评价的逻辑框架 表7-3

目标层次	验证对比指标			原因分析		可持续性（风险）
	项目原定指标	实际实现指标	差别或变化	主要内部原因	主要外部条件	
宏观目标（影响）						
项目目的（作用）						
项目产出（实施结果）						
项目投入（建设条件）						

② 能系统而又符合逻辑地全面分析事物的各个方面，形成良好的项目策划方案。

③ 通过推理技巧，强调环境作用，提高规划设计水平。

④ 是沟通项目决策、管理和其他方面的重要联络手段，可增加各方面的相互理解，改善项目管理。

⑤ 通过连续系统的日常监测，保证在管理人员变更后，管理方法和程序得以继续。

⑥ 方便政府与项目多个投资方的联络。

⑦ 有利于行业部门的对比和研究，进行高层次和全方位的总结。

局限性主要有：

① 在项目开始时如果过分强调目标和外部因素，可能造成管理的僵化，应该通过对关键指标和因素的定期检查总结，重新评价和对其调整。

② 作为总体分析的工具，逻辑框架法对政策问题只能做一般分析，如收入分配、就业机会、资源途径、地方参与、成本和策略可行性以及项目因素与外部条件的关系等。

③ 逻辑框架是项目准备、实施和评价过程中的一种思维模式，不能代替效益分析、进度计划、经济和财务分析、成本与效益分析、环境影响评价等具体方法。

2）对比分析法

后评价方法要定量和定性相结合，与前评估基本相同。然而，后评价方法论的一条基本原则是对比法则，包括前后对比、预测和实际发生值的对比、有无项目的对比等比较法。对比的目的是要找出变化和差距，以提出问题并分析原因。

（1）前后对比和有无对比。

在一般情况下，投资活动的"前后对比"是指将项目实施之前与项目完成之后的情况加以对比，以确定项目效益的一种方法。在项目后评价中则是指将项目前期的可行性研究和评估的预测结论与项目的实际运行结果相比较，以发现变化和分析原因。这种对比用于揭示计划、决策和实施的质量，是项目过程评价应遵循的原则。

"有无对比"是指将项目实际发生的情况与若无项目可能发生的情况进行对比，以度量项目的真实效益、影响和作用。对比的重点是要分清项目作用的影响与项目以外作用的影响。这种对比用于项目的效益评价和影响评价，是项目后评价的一个重要方法论原则。这里说的"有"与"无"指的是评价的对象，即计划、规划或项目。评价是通过对比实施项目所付出的资源代价与项目实施后产生的效果得出项目的好坏。方法论的关键是要求投入的代价与产品的效果口径一致。也就是说，所度量的效果要真正归因于项目。但是，很多项目，特别是大型社会经济项目，实施后的效果不仅仅是项目的效果和作用，还有项目以外多种因素的影响，因此，简单的前后对比不能得出项目真正的效果。

（2）有无对比的方法。

综上所述，后评价中的效益评价任务就是要剔除那些非项目因素，而对归因于项目的效果加以正确的定义和度量。由于无项目时可能发生的情况往往无法确定地描述，故项目后评价中只能用一些方法去近似地度量项目的作用。理想的做法是在该受益范围之外找一个类似的"对照区"，进行比较和评价。

通常项目后评价的效益和影响评价要分析的数据和资料包括项目前的情况、项目前预测的效果、项目实际实现的效果、无项目时可能实现的效果、无项目的实际效果等。在项目后评估中，进行"有无对比"的综合分析时，可以采用表7-4所示的分析模式。

有无对比综合分析的模式　　　　　　　　　　　　表7-4

效益类型	有 项 目	无 项 目	差 别	分 析
财务效益				
经济效益				
环境效益				
社会效益				
综合				

3）其他项目后评估方法

（1）项目成功度评价方法。

① 成功度评价的概念。

项目后评价，特别是项目事后评价是需要对项目的总体成功度进行评价，得出可信的结论。项目成功度评价需对照项目立项阶段所确定的目标和计划，分析实际实现结果与其差别，以评价项目目标的实现程度。另一方面，在做项目成功度评价时，要十分注意项目原定目标合理性、实际性以及条件环境变化带来的影响，并进行分析，以便根据实际情况，评价项目的成功度。成功度评价是依靠评价专家或专家组的经验，综合各项指标的评价结果，对项目的成功程度作出定性的结论。也就是通常所称的打分的方法。成功度评价是以用逻辑框架法分析的项目目标的实现程度和经济效益分析的评价结论为基础，以项目的目标和效益为核心，所进行的全面系统的评价。

② 项目评价成功度的标准。

项目评价的成功度可分为5个等级，见表7-5。

成功度等级说明　　　　　　　　　　　　　　表7-5

等　级	等　级　说　明
完全成功	项目的各项目标都已全面实现或超过；相对成本而言，项目取得巨大的效益和影响
基本成功	项目的大部分目标已经实现；相对成本而言，项目达到了预期的效益和影响
部分成功	项目实现了原定的部分目标；相对成本而言，项目只取得了一定的效益和影响
不成功	项目实现的目标非常有限；相对成本而言，项目几乎没有产生什么正效益和影响
失败	项目的目标是不现实的，无法实现；相对成本而言，项目不得不终止

③ 项目成功度的测定。

项目成功度评价表格是根据评价任务的目的和性质决定的，我国与国际上各个组织和机构的表格设计各不相同，表7-6为我国典型的项目成功度评价分析。

我国项目成功度评价表　　　　　　　　　　　表7-6

评定项目指标	相关重要性	评定等级	备　注
1.宏观目标和产业政策			
2.决策及其程序			
3.布局与规模			
4.项目目标及市场			

评定项目指标	相关重要性	评定等级	备 注
5.设计与技术装备水平			
6.资源和建设条件			
7.资金来源和融资			
8.项目进度及其控制			
9.项目质量及其控制			
10.项目投资及其控制			
11.项目经营			
12.机构和管理			
13.项目财务效益			
14.项目经济效益和影响			
15.社会和环境影响			
16.项目可持续性			
项目总评			

成功度表设置了评价项目的主要指标。在评价具体项目的成功度时，并不一定要测定项目成功度评价表中所有的指标。评价人员首先要根据具体项目的类型和特点，确定表中指标与项目相关的程度，把它们分为"重要""次重要""不重要"3类，在表中第二栏里（相关重要性）填注。对"不重要"的指标就不用测定，只需测定"重要"和"次重要"的项目内容，一般的项目实际需测定的指标在10项左右。

在测定各项指标等级时，采用打分制，即4个级别分别用A、B、C、D表示。通过指标重要性分析和单项成功度结论的综合，可得到整个项目的成功度指标，也用A、B、C、D表示，填在表的最后一行（总成功度）的成功度栏内。

在具体操作时，项目评价组成员各自填好表后，对各项指标的取舍和等级进行内部讨论，或经必要的数据处理，形成评价组的成功度表，再把结论写入评价报告。

（2）决策树法。

项目的输入和对项目前评估的反馈最终落实在项目决策上。选择投资方案，凭经验并不能作出正确决策，需要运用合乎逻辑的方法进行辅助。风险型决策问题的描述，简单直观地将风险型决策问题的所有基本要素，包括自然状态。行动方案、后果和效用及其关系表示出来。因此，决策树法可以应用到投资项目后评估的反馈控制中。

7.1.6　项目后评价的评价指标

不同类型项目的后评价应选用不同的评价指标。主要指标如下：

（1）工程技术评价指标。如设计能力，技术或工艺的合理性、可靠性、先进性、适用性，设备性能，工期、进度、质量等。

（2）财务和经济评价指标。

①项目投资指标：项目总投资、建设投资、预备费、财务费用、资本金比例等。

②运营期财务指标：单位产出成本与价格、财务内部收益率、借款偿还期、资产负债率等。

③项目经济评价指标：内部收益率、经济净现值等。

（3）项目生态与环境评价主要指标。如物种、植被、水土保持等生态指标，环境容量、环境控制、环境治理与环保投资以及资源合理利用和节能减排指标等。

（4）项目社会效益评价主要指标。如利益相关群体、移民和拆迁、项目区贫困人口、最低生活保障线等。

（5）管理效能评价指标。如前期工作相关程序、采购招标、施工组织与管理、合同管理、组织机构与规章制度等。

（6）项目目标和可持续性评价指标。

①项目目标评价指标：项目投入、项目产出、项目直接目的、项目宏观影响等。

②项目可持续性评价指标：财务可持续性指标、环境保护可持续性指标、项目技术可持续性指标、管理可持续性指标、需要的外部政策支持环境和条件等。

7.1.7　项目后评价成果反馈

1）反馈的目的

后评价的最大特点是信息的反馈。也就是说，后评价的最终目标是将评价结果反馈到决策部门，作为新项目立项和评估的基础，作为调整投资规划和政策的依据。因此，评价的反馈机制便成了评价成败的关键环节之一。这点更适用于对使用财政资金的项目的公众监督。

后评价成果反馈的目的，是将后评价总结的经验教训以及提出的对策建议，反馈到投资决策和主管部门、项目出资人以及项目执行单位，为项目投资决策，规划编制与调整，以及相关政策制定提供依据；使经验得到推广，教训得以吸取，错误不再重复；使项目更加完善，提高项目可持续发展能力以及市场竞争力。

2）反馈的形式

项目后评价成果的反馈形式主要包括书面文件（评价报告或出版物）、后评价信息管理系统、成果反馈讨论会、内部培训和研讨等。

7.2　工程项目后评价报告的主要内容

项目后评价的内容，包括项目建设全过程回顾与评价、效果效益和影响评价、项目目标和可持续性评价等，并在此基础上总结经验教训，提出对策和建议。本节以下所述"项目后评价"，如无特别说明，指的是狭义的项目后评价。

7.2.1　项目建设全过程回顾与评价

项目建设全过程的回顾和评价，一般分为4个阶段：项目前期决策、项目建设准备、项目建设实施、项目投产运营等。

1）项目前期决策阶段

回顾与评价的重点是项目决策的正确性；评价项目建设的必要性、可行性、合理性；分析项目目标实现的程度、产生差异或失败的原因。合理性和效率是本阶段评价衡量的重要标尺。

对于可行性研究报告，主要分析评价项目可研阶段的目标是否明确、合理，内容与深度是否符合规定要求，项目风险是否充分；对于项目评估，主要分析评估工作深度是否满足决策要求，项目投资估算、主要效益指标的评估意见是否客观，项目风险是否到位，对决策的建议是否合理、结论是否可靠等；对于决策，主要分析评价项目决策程序是否合规，决策方法是否科学，决策内容是否完整，决策手续是否齐全。

2）项目建设准备阶段

回顾与评价的重点是各项准备工作是否充分，开工前的各项报批手续是否齐全。效率是本阶段评价衡量的重要标尺。

（1）勘察设计。分析勘察结论的可靠性，设计方案的科学性及设计文件完备性。

（2）融资方案。分析评价项目的资金来源是否按预想方案实现，资金结构、融资方案、融资成本是否合理，风险分析是否到位；融资担保手续是否齐全等。

（3）采购招标。评价招标方式、招标组织形式、招标范围、标段划分的合理性，招标报批手续和招评标过程以及监督机制等招投标工作的合法与合规性，招标竞争力度以及招标效果。

（4）合同签订。评价合同签订的依据和程序是否合规，合同谈判、签订过程中的监督机制是否健全，合同条款的合理性和合法性以及合同文本的完善程度。

（5）开工准备。分析评价项目开工建设的物资准备、技术准备、组织准备、人员准备，以及许可开工的相关手续等情况。

3）项目建设实施阶段

回顾与评价的重点是工程建设实施活动的合理性和成功度，项目业主的组织能力与管理水平。此阶段项目执行的效率和效益是评价衡量的重要标尺。

（1）合同执行与管理。分析评价各类合同（含咨询服务、勘察设计、设备材料采购、工程施工、工程监理等）执行情况，违约原因及责任，评价项目业主采取的合同管理措施及各阶段合同管理办法及效果。

（2）重大设计变更。从技术上分析评价重大设计变更的原因及合理性，从管理上分析评价设计变更报批手续的严谨性、合规性，从经济上分析评价设计变更引起的投资、工期等方面的变化及其对项目预期经济效益的影响。

（3）四大管理"。评价项目业主在"四大管理"（适量、进度、投资和安全）方面采取的措施与效果，分析产生差异的原因及对预期目标的影响，总结四大管理目标的实现程度以及主要的成功经验和失败的教训。

（4）资金使用与管理。评价基建财务管理机构和制度健全与否，分析资金实际来源、成本与预测、计划产生差异的原因，评价资金到位情况与供应的匹配程度、资金支付管理程序与制度严谨性、项目所需流动资金的供应及运用状况等。

（5）实施过程的监督管理。分析评价工程监理与工程质量监督在项目实施过程中所起的作用，评价项目业主委托工程监理的规范性和合法性、管理方式的适应性，评价项目接受内外部审计的情况等。

（6）建设期的组织与管理。以项目建设管理的实际效率和效果为着眼点，分析评价管理体制的先进性、管理模式的适应性、管理机构的健全性和有效性、管理机制的灵活性、管理规章制度的完善状况和管理工作运作程序的规范性等情况。

4）项目投产运营阶段

回顾与评价的重点是项目由建设实施到交付生产运营转换的稳定、顺畅。项目效益和可持续性是评价衡量的重要标尺。

（1）生产准备。评价各项生产准备内容、试车调试、生产试运行与试生产考核等情况，评价生产准备工作的充分性。

（2）项目竣工验收。评价工程项目全面竣工验收工作的合规性与程序的完善性；遗留尾工处理的合理性。

（3）资料档案管理。评价工程资料档案的完整性、准确性和系统性，管理制度的完善性等。

（4）生产运营。分析评价工艺路线畅通状态、设备能力匹配度、生产线运行稳定性，评价设计生产能力实现程度，评价原材料、能源动力消耗指标与设计要求的差异等。

（5）产品营销与开发。评价产品质量、营销策略及效果、产品市场竞争能力和占有率，分析市场开发与新产品研发能力。

（6）生产运营的组织与管理。分析评价管理体制、管理机制、管理机构、管理违章制度等。

（7）后续预测。对评价时点以后的产品市场需求和竞争能力进行预测，对项目全生命周期财务效益和经济效益预测，对项目运营外部条件预测、分析。

7.2.2 项目效果效益评价

项目效果效益评价是对项目实施的最终效果和效益进行分析评价，即将项目的工程技术效果、经济（财务）效益、环境效益、社会效益和管理效果等，与项目可行性研究和评估决策时所确定的主要指标，进行全面对照、分析与评价，找出变化和差异，分析原因。

1）技术效果评价

项目技术效果评价是针对项目实际运行状况，对工程项目采用的工艺流程、装备水平进行再分析，主要关注技术的先进性、适用性、经济性、安全性。

（1）工艺流程评价。分析评价工艺流程的可靠性、合理性，采用的工艺技术对产品质量的保证程度、工艺技术对原材料的适应性等。

（2）装备水平评价。分析评价各主要设备是否与设计文件一致，设备的主要性能参数是否满足工艺要求，自动化程度是否达到要求，设备寿命是否经济合理，评价设备选型的标准和水平等。

（3）技术水平评价。将项目规模、能力、功能等技术指标的实现程度与项目立项时的预期水平进行对比，从设计规范、工程标准、工艺路线、装备水平、工程质量等方面分析项目所采用的技术达到的水平，分析评价所采用技术的合理性、可靠性、先进性、适用性等。

（4）国产化水平。分析评价设备国产化程度以及自主知识产权拥有水平等。

2）财务和经济效益评价

（1）财务效益评价。

财务效益后评价与前期评估时的分析内容和方法基本相同，都应进行项目的盈利能力分析、清偿能力分析、财务生存能力分析和风险分析。评价时要同时使用已实际发生数据和根据变化了的内、外部因素更新后的预测数据，并注意保持数据口径的一致性，使对比结论科学可靠。

（2）经济效益评价。

根据项目实际运营指标，根据变化了的内、外部因素更新后的预测数据，全面识别和调整费用和效益，编制项目投资经济费用效益流量表，从资源合理配置的角度，分析项目投资的经济效率和对社会福利所做的贡献，评价项目的经济合理性，判别目标效益的实现程度。

3）管理效果评价

项目管理效果评价是对项目建设期和运营期的组织管理机构的合理性、有效性，项目执行者的组织能力与管理水平进行综合分析与评价。通常，项目业主应对项目组织机构所具备的能力进行适时监测和评价，以分析项目组织机构选择的合理性，并及时进行调整。

管理评价的主要内容包括：

（1）管理机制与监督机制的评价；

（2）组织结构与协调能力的评价；

（3）激励机制与工作效率的评价；

（4）规章制度与工作程序的评价；

（5）人员结构与工作能力的评价；

（6）管理者水平与创新意识的评价等。

7.2.3 项目影响评价

项目工程技术效果、经济（财务）效益和管理效果又被称为项目直接效益。项目环境效益与社会效益又被称为项目间接效益。

1）环境影响评价

随着我国经济发展进入转型阶段，环境影响评价越来越受到重视。环境影响后评价是指对照项目前期评估时批准的《环境影响报告书》或《环境影响备案表》，依据环境评验收文件和运行期间的环境监测数据，重新审查项目环境影响的实际结果。环境影响评价应采集以下基本数据：

（1）项目产生的主要污染物及其排放量、允许排放指标；

（2）项目污染治理设施建设内容和环保投入；

（3）项目环境管理能力和监测制度；

（4）项目对所在地区的生态保护与环境影响情况；

（5）项目对自然资源的保护与利用等。

在了解上述情况基础上，评价项目对所在地环境带来的影响以及影响的程度、当地环境对企业后续发展的许可容量。

实施环境影响评价应遵照国家环保法的规定，根据国家和地方环境质量标准和污染物排放标准以及相关产业部门的环保规定。在审核已实施的环评报告和评价环境影响现状的同时，要对未来进行预测。对有可能产生突发性事故的项目，要有环境影响的风险分析。如果项目生产或使用对人类和生态有极大危害的剧毒物品，或项目位于环境高度敏感的地区，或项目已发生严重的污染事件，那么还需要提出一份单独的项目环境影响后评价报告。

环境影响后评价一般包括项目的污染控制、区域的环境质量、自然资源的利用、区域的生态平衡和环境管理能力。

2）社会影响评价

社会效益评价主要是指项目对当地经济和社会发展以及技术进步的影响，一般可包含如下7个方面。

（1）征地拆迁补偿和移民安置情况；

（2）当地增加就业机会的影响程度；

（3）对当地税收与收入分配的影响；

（4）对居民生活条件和生活质量的影响；

（5）对区域经济和社会发展的带动作用；

（6）推动产业技术进步的作用；

（7）对妇女、民族和宗教信仰的影响等。

社会影响评价首先应确定受影响人群的范围，有针对性地反映其受影响程度及对影响的反作用。社会影响评价的方法是定性和定量相结合，以定性为主，在诸要素评价分析的基础上，做综合评价。恰当的社会影响评价调查提纲和正确的分析方法是社会影响评价成功的先决条件，应慎重选择。

7.2.4　项目目标评价与可持续性评价

在对项目建设全过程进行回顾、对项目效果、效益，环境与社会影响等方面进行细致分析评价的基础上，进一步分析项目立项决策预定目标的实现程度及其合理性，以及项目持续发展能力与存在的问题，对项目的成功度作出综合性评价，得出项目后评价结论。

1）项目目标评价

项目目标评价的任务在于评价项目实施中或实施后，是否达到在项目前期评估中预定的目标、达到预定目标的程度，分析与预定的目标产生偏离的主管和客观原因；提出在项目以后的实施或运行中应采取的措施和对策，以保证达到或接近达到预定的目标和目的；必要时，还要对有些项目预定的目标和目的进行分析和评价，确定其合理性、明确性和可操作性，提出调整或修改目标和目的的意见和建议。

（1）目标实现程度评价。

建设项目目标实现程度评价，一般按照项目的投入产出关系，分析层次目标的合理性和实现可能性以及实现程度，以定性和定量相结合的方法，用量化指标进行表述，见表7-7。

项目预定目标和目的达到程度分析表　　　　　　　　表7-7

目标或目的内容名称	预　定　值	项目建成可能达到值	目标目的实现程度%	偏离的原因分析	拟采取的对策和措施

项目目标实现、达到预定目标，即项目建成。一个项目建成的标志是多方面的，一般总结为"四个建成"。"四个建成"的完成度，即目标实现程度。

① 工程（实物）建成，即项目按设计的建设内容完整建成，项目土建完工，

设备安装调试完成，装置和设施经过试运行，符合工程设计的质量要求，并已通过竣工验收。

② 项目技术（能力）建成，即装置、设备和设施运行正常，各项工艺参数达到设计技术指标，生产能力和产品质量达到设计要求。

③ 项目经济（效益）建成，即项目的财务和经济目标实现，达到预期指标，包括有市场竞争力，经济上有效益，具备偿还贷款的能力等。

④ 项目影响建成，即项目对国民经济、社会发展、生态环境产生预定的影响效果。

（2）目标合理性评价。

项目目标的合理性是指项目原定目标是否符合全局和宏观利益，是否得到政府政策的支持，是否符合项目的性质，是否符合项目当地的条件等。合理的目标是项目目标和目的得以顺利实现的基础。对目标合理性的评价也是对决策效果的分析与判断。

在项目后评价中，项目目标和目的评价的主要的任务是对照项目可研和评估中关于项目目标的论述，找出变化，分析项目目标的实现程度以及成败的原因，但同时也应讨论项目目标的确定是否正确合理，是否符合发展的要求。

目标评价的常用分析方法包括目标树法、层次分析法等。国际上通常采用逻辑框架法，具体见表7-8，通过项目的投入产出目标进行分析。项目投入包括资金、物质、人力、资源、时间、技术等投入；项目产出即项目建设内容，是投入的产出物；项目目的即项目建成后的直接效果和作用；项目宏观目标主要指经济、社会和环境的影响。

项目后评价的逻辑框架 表7-8

目标层次	验证对比指标			原因分析		可持续性（风险）
	项目原定指标	实际实现指标	差别或变化	主要内部原因	主要外部原因	
宏观目标（影响）						
项目目的（作用）						
项目产出（实施结果）						
项目投入（建设条件）						

2）项目的可持续性评价

项目的可持续性是指在项目的建设资金投入完成之后，项目可以按既定目标继续执行和发展，项目投资人和项目业主愿意并可能依靠自己的力量继续去实现既定目标。可持续性评价即实现上述能力的可能性评价。可持续性也是项目目标评价的重要内容之一。

项目可持续性要素受市场、资源、财务、技术、环保、管理、政策等多方面影响，一般可分为内部要素和外部条件。

影响可持续性项目的内部因素，包括项目规模的经济性、技术的成熟性和竞争力、企业财务状况、污染防治措施满足环保要求的程度、企业管理体制与激励机制等，核心是产品竞争力及对市场的应变能力等。

项目外部条件支持能力，包括资源供给、物流条件、自然环境与生态要求、社会环境、政策环境、市场变化及其趋势等。

根据项目持续能力分析要求，列出制约建设项目可持续的主要因素，分析原因。在要素分析的基础上，分析建设项目可持续发展的主要条件，评价项目可持续性，提出合理的建议和要求，如表7-9所示。

项目可持续发展条件分析框架　　　　　　　　　　表7-9

序号	制约因素名称	内部原因分析	外部条件分析	解 决 方 案
1				
2				
...				

3）项目的成功度评价

项目成功度评价是在对项目效益、效果和影响的评价基础上，在项目目标评价层次之上，对项目进行的更为综合的评价判断，综合得出项目总体成功与否的评价结论。

项目成功度评价一般以表格调查形式表示，见表7-10，由参加评价活动的专家对工程项目的不同内容及其相关重要性进行综合分析，按规定等级判断项目成功的程度。一般分为5个等级。

完全成功（A）：原定目标全面实现或超过预期，项目功能、效益和影响充分发挥。

基本成功（B）：原定目标大部分实现，项目功能、效益和影响基本达到预期要求。

部分成功（C）：原定目标部分实现，项目功能有缺陷，效益和影响只有部分实现。

不成功（D）：原定目标实现非常少，项目功能有问题，效益和影响很差。

失败（E）：原定目标无法实现，项目不得不终止。

项目成功度评价表　　　　　　　　　　　　　表7-10

测 评 指 标	相关重要性	测 评 等 级	备　　注
1.宏观目标（或产业政策）			
2.项目规模			
3.产品市场			
4.工程设计（或技术装备）			
5.资源条件（或建设条件）			
6.资金来源			
7.项目进度管理			
8.项目质量管理			
9.健康、安全和环境（HSE）管理			
10.项目投资控制			
11.项目经营管理			
12.项目财务效益			
13.项目经济效益和影响			
14.环境影响			
15.项目可持续性			
…			
项目总评			

4）后评价结论

后评价工作通过对资料收集、处理，在全面回顾项目过程后，通过目标评价、可持续性评价和项目成功度评价，已可以对项目的决策和执行状况及前景有一个完全判断，得出综合性结论。该结论既是一个综合判断，也应根据项目特点或委托方要求有所侧重。

7.2.5　主要经验与教训、对策与建议

通过项目全过程回顾与评价，归纳出对项目具有决定性影响、对全局具有参考作用的经验与教训，提出对策与建议。

1）主要经验与教训

经验与教训应从项目、企业、行业和宏观4个层面分别进行分析。这样做，一是有利于改进项目的设计、施工管理水平；二是有利于企业改善经营管理；三是有利于行业的进步与发展；四是有利于今后提高项目的决策水平；五是有利于国家进一步调整经济结构和宏观经济政策。

总结经验、教训应客观不偏颇，特别是不应讳言教训。教训是经验的另一种形式，有利于避免在未来项目筹划中重蹈覆辙。

总结经验、教训还应注重可复制性。对于在今后项目筹划和管理中有借鉴意义，可复制、可推广的经验、教训应重点总结，增强后评价成果对未来工作的参考和指导作用，提高后评价工作的实用性。

2）对策与建议

对策与建议同样可从项目、企业、行业和宏观4个方面分层次提出，对执行中的项目提出改善对策与建议，对企业投资和运营管理提出完善对策与建议，对国家和行业政策制定层提出改进对策与建议。

📖 本章要点

工程项目后评估是在项目建成使用后对项目进行的综合分析评价。项目后评估与前评估存在一定的区别，两者的评估主体、评估性质、评估内容、评估依据、评估阶段都不同。

项目后评估的实施程序主要包括对项目实施情况的调查及编制项目后评估报告。

常用的项目后评估方法有逻辑框架法、对比分析法、项目成功度评价法、决策树法等。

项目后评估的主要内容包括项目过程后评价、项目效益后评价、项目影响后评价、项目可持续性后评价。

📖 本章习题

1. 何谓项目后评估？与项目前评估的区别是什么？
2. 项目后评估的原则和作用是什么？
3. 项目后评估的方法有哪些？
4. 项目后评估包括哪些内容？

参 考 文 献

[1] 陆惠民, 苏振民, 王延树. 工程项目管理[M]. 南京: 东南大学出版社, 2015.

[2] 陆彦, 成虎. 工程项目组织理论[M]. 南京: 东南大学出版社, 2013.

[3] 曹小琳. 工程项目管理[M]. 重庆: 重庆大学出版社, 2017.

[4] 韩国波, 崔彩云, 卫赵斌, 等. 建设工程项目管理[M]. 重庆: 重庆大学出版社, 2017.

[5] 葛宝山, 邬文康. 工程项目评估[M]. 北京: 北方交通大学出版社, 2004.

[6] 宫立鸣, 孙正茂. 工程项目管理[M]. 北京: 化学工业出版社, 2005.

[7] 闫军印. 建设项目评估[M]. 3版. 北京: 机械工业出版社, 2019.

[8] 陆宁. 建设项目评价[M]. 北京: 化学工业出版社, 2009.

[9] 陈文晖. 工程项目后评价[M]. 北京: 中国经济出版社, 2009.

[10] 蒋红妍. 工程项目评价[M]. 北京: 冶金工业出版社, 2014.

[11] 黄德春. 工程项目后评价[M]. 北京: 海洋出版社出版, 2004.

[12] 周鹏. 项目验收与后评价[M]. 北京: 机械工业出版社, 2007.

[13] 国家发展改革委, 建设部. 建设项目经济评价方法与参数[M]. 北京: 中国计划出版社, 2006.

[14] 《投资项目可行性研究指南》编写组. 投资项目可行性研究指南[M]. 北京: 中国电力出版社, 2002.